1434
自然科學一本通

圖解世界地理一本通

1426
天文奧祕一本通

天
AS
168 幼福
網路兒童
www.168books.co

1432
兒童百科一本通

168 幼福
網路兒童書店
www.168books.com.tw

1410
我會摺紙一本通

1427
兒童作文一本通

168 幼福
網路兒童書店
www.168books.com.tw

1413
初學卡通簡筆畫一本通

1400
昆蟲奧祕一本通

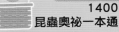

1405
一本通

幼福
網路兒童書店

1402
動物奧祕一本通

三字經
故事
一本通

兒童道德教育啟蒙教材

目錄

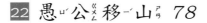

三字經

目錄

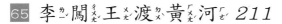

三

字

經

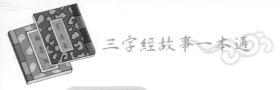

故事

王羲之教子

　　王羲之是東晉非常著名的書法家。他的書法造詣①很深，被公認為「書聖」。王獻之是王羲之的兒子，七、八歲時就開始跟父親學習書法。

　　一次，王羲之看小獻之正聚精會神②的練習書法，便悄悄的走到背後，突然伸手去抽小獻之手中的毛筆，小獻之握筆很牢，沒有被抽掉。父親很高興，誇讚道：「此兒日後一定會成名的。」小獻之聽後，心中沾沾自喜③。

　　有一天，小獻之問母親郗氏：「我只要再寫上三年就行了吧？」

　　母親搖搖頭。「那五年總行了吧？」母親又搖搖頭。

　　「你要記住，寫完院裡這十八缸水，你的字才會有筋有骨。」小獻之回頭一看，原來父親站在了他的背後。

　　小獻之心中非常不服，一咬牙又練了五年。有一天，他又拿著一大堆寫好的字給父親看，希望聽到幾句表揚的話。誰知，王羲之一張張掀過，一個勁的搖頭。掀到一個「大」字時，父親現出了較滿意的表情，隨手在「大」字下點上一個點，然後把字稿全部退還給小獻之。

　　小獻之心中仍然不服，又將全部習字抱給母親看。

　　母親認真的看了三天後，說：「吾兒磨盡三缸水，唯有一點似羲之。」小獻之聽後非常失望。母親見他的驕氣已經消磨盡了，就鼓勵他說：「孩子，只要你仍然堅持不懈的練下去，就一定能達到目的！」小獻之聽後深受感動，繼續鍥而不捨④的練習。

　　皇天不負有心人⑤， 王獻之練字用盡了十八缸水， 終於把字練到了力透紙背⑥、 爐火純青⑦的程度。 後人把王獻之和他的父親王羲之， 一起並稱為「二王」。

注釋

①造詣：學業或技藝所到達的程度。

②聚精會神：形容全神貫注、注意力集中。

③沾沾自喜：沾沾，暗自歡喜的樣子。自以為很好而高興、得意的樣子。

④鍥而不捨：鍥，鏤刻。捨，停止、放下。比喻堅持到底，努力不懈的樣子。

⑤皇天不負有心人：（諺語）形容老天有眼，絕不會辜負意志堅強與刻苦耐勞的人。

⑥力透紙背：形容書法遒勁有力。

⑦爐火純青：純青，本指道家煉丹快成功時，爐火的火焰會從紅色轉變成青色。後比喻技術或學問達到成熟、完美的境界，功力十分深厚。

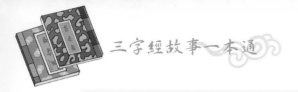
人ㄖㄣ之ㄓ初ㄔㄨ， 性ㄒㄧㄥ本ㄅㄣ善ㄕㄢ。
性ㄒㄧㄥ相ㄒㄧㄤ近ㄐㄧㄣ， 習ㄒㄧ相ㄒㄧㄤ遠ㄩㄢ。
苟ㄍㄡ不ㄅㄨ教ㄐㄧㄠ， 性ㄒㄧㄥ乃ㄋㄞ遷ㄑㄧㄢ。
教ㄐㄧㄠ之ㄓ道ㄉㄠ， 貴ㄍㄨㄟ以ㄧ專ㄓㄨㄢ。

譯文

　　人ㄖㄣ剛ㄍㄤ生ㄕㄥ下ㄒㄧㄚ來ㄌㄞ時ㄕ， 本ㄅㄣ性ㄒㄧㄥ都ㄉㄡ是ㄕ善ㄕㄢ良ㄌㄧㄤ的ㄉㄜ。 人ㄖㄣ性ㄒㄧㄥ彼ㄅㄧ此ㄘ都ㄉㄡ很ㄏㄣ接ㄐㄧㄝ近ㄐㄧㄣ，但ㄅㄢ是ㄕ後ㄏㄡ來ㄌㄞ因ㄧㄣ為ㄨㄟ生ㄕㄥ活ㄏㄨㄛ和ㄏㄜ環ㄏㄨㄢ境ㄐㄧㄥ的ㄉㄜ不ㄅㄨ同ㄊㄨㄥ， 使ㄕ人ㄖㄣ的ㄉㄜ性ㄒㄧㄥ情ㄑㄧㄥ產ㄔㄢ生ㄕㄥ了ㄌㄜ很ㄏㄣ大ㄉㄚ的ㄉㄜ差ㄔㄚ異ㄧ。 如ㄖㄨ果ㄍㄨㄛ對ㄉㄨㄟ於ㄩ孩ㄏㄞ子ㄗ不ㄅㄨ加ㄐㄧㄚ以ㄧ教ㄐㄧㄠ導ㄉㄠ， 善ㄕㄢ良ㄌㄧㄤ的ㄉㄜ本ㄅㄣ性ㄒㄧㄥ就ㄐㄧㄡ會ㄏㄨㄟ隨ㄙㄨㄟ環ㄏㄨㄢ境ㄐㄧㄥ的ㄉㄜ影ㄧㄥ響ㄒㄧㄤ而ㄦ改ㄍㄞ變ㄅㄧㄢ。 教ㄐㄧㄠ育ㄩ的ㄉㄜ方ㄈㄤ法ㄈㄚ， 最ㄗㄨㄟ重ㄓㄨㄥ要ㄧㄠ的ㄉㄜ是ㄕ要ㄧㄠ專ㄓㄨㄢ心ㄒㄧㄣ致ㄓ志ㄓ、 持ㄔ之ㄓ以ㄧ恆ㄏㄥ。

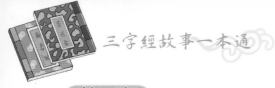

故事

孟母三遷

　　孟子，名軻，是戰國時期傑出的思想家、政治理論家、教育家，儒家學派的代表人物。

　　孟子的母親十分重視對他的教育。在孟子家的附近有一片墳地，孟子經常和其他小夥伴一起學著別人的樣子哭死人，還和小夥伴們一起玩埋死人的遊戲。

　　看到這些，孟母心裡非常著急。於是孟母把家搬到了集市①附近，可孟子天天學著商人的樣子吆喝②叫賣，使孟母

又擔心起來，孟母決定再次搬家。

這次他們搬到學堂附近。在學堂氣氛的薰陶③下，孟子學習禮儀、讀書寫字。孟母這下

高興了，就在這裡長期定居下來。

注釋

①集市：許多人定期聚集做買賣的場所。
②吆喝：街上小販的叫賣聲。
③薰陶：比喻培養人才。

昔孟母，擇鄰處。

譯文

　　從前，孟子的母親為了使孟子有一個好的學習環境，曾三次為選擇鄰居而搬家。

故　事

孟母斷機杼

　　一天，孟母在家織布，知道孟子又翹課了，就怒氣衝衝的把織布的梭子折斷。孟子趕緊跪下，不明白這是為什麼。孟母責備他說：「你學習和我織布是一個道理。我織布要一線一線的連成一寸，再連成一尺，最後才能織成一匹布。你今天的學習，也是要日積月累的，不分晝夜的苦讀，才能有所成就。如今你放棄了學習，就像我剛才把梭子折斷一樣，沒有梭子還怎麼織布？這就是前功盡棄①啊！」孟子看到母親因自己不能專心讀書而傷心，慚愧極了，跪在地上哭著求母

親原諒，保證再也不讓她失望。從此，孟子奮發②向上，努力學習，不敢懈怠③，後來終於成為有名的大學問家，孟母也成為歷史上著名的賢母。

孟母斷機杼

注釋

①前功盡棄：比喻過去的努力都白費了。
②奮發：激昂振作，努力上進。
③懈怠：懶惰鬆散。

子ㄗˇ不ㄅㄨˋ學ㄒㄩㄝˊ，　斷ㄉㄨㄢˋ機ㄐㄧ杼ㄓㄨˋ。

譯文

　　有ㄧㄡˇ一ㄧ次ㄘˋ，　孟ㄇㄥˋ子ㄗˇ翹ㄑㄧㄠˋ課ㄎㄜˋ，　孟ㄇㄥˋ母ㄇㄨˇ就ㄐㄧㄡˋ折ㄓㄜˊ斷ㄉㄨㄢˋ織ㄓ布ㄅㄨˋ機ㄐㄧ的ㄉㄜ梭ㄙㄨㄛ子ㄗˇ①來ㄌㄞˊ教ㄐㄧㄠˋ育ㄩˋ他ㄊㄚ學ㄒㄩㄝˊ習ㄒㄧˊ是ㄕˋ不ㄅㄨˋ能ㄋㄥˊ半ㄅㄢˋ途ㄊㄨˊ而ㄦˊ廢ㄈㄟˋ②的ㄉㄜ。

注釋

①梭子：古代織布機上拉著橫線穿過直線的橢欖形工具。
②半途而廢：指求學或做事，還沒有完成就停止了。

故事

竇禹鈞五子登科

　　竇禹鈞是五代後晉時期的人，家住薊州漁陽，這裡地處燕山一帶，因此，後人稱他為「竇燕山」。竇燕山出身於富裕的家庭，年輕時貪得無厭①，昧著良心欺負窮人，因此到了三十歲時還沒有一個兒女。一天晚上，他夢見死去的父親對他說：「你心術不正②、品性不好，如果不痛改前非③、重新做人，不僅一輩子沒有兒女，而且還會短命，所以你要趕快改過從善。」

　　從那以後，竇燕山好像換了一個人似的，經常賙濟④貧苦的百姓，因而受到周圍鄰里的

稱讚。後來，他的妻子連續生下了五個兒子，竇燕山把全部精力用在教育兒子上。在他的精心教育下，五個兒子都成為有用之才，被人們稱為「竇氏五龍」。

注釋

①貪得無厭：一再索求，不知滿足。
②心術不正：指人存心不良，想要害人。
③痛改前非：徹底改正以前所犯的錯誤。
④賙濟：救濟、支援。

竇ㄉㄡˋ燕ㄧㄢ山ㄕㄢ， 有ㄧㄡˇ義ㄧˋ方ㄈㄤ。
教ㄐㄧㄠˋ五ㄨˇ子ㄗˇ， 名ㄇㄧㄥˊ俱ㄐㄩˋ揚ㄧㄤˊ。

譯　文

　　燕ㄧㄢ山ㄕㄢ人ㄖㄣˊ竇ㄉㄡˋ禹ㄩˇ鈞ㄐㄩㄣ， 遵ㄗㄨㄣ照ㄓㄠˋ聖ㄕㄥˋ賢ㄒㄧㄢˊ教ㄐㄧㄠˋ誨ㄏㄨㄟˋ的ㄉㄜ˙義ㄧˋ理ㄌㄧˇ①來ㄌㄞˊ教ㄐㄧㄠˋ育ㄩˋ自ㄗˋ己ㄐㄧˇ的ㄉㄜ˙五ㄨˇ個ㄍㄜˋ兒ㄦˊ子ㄗˇ， 後ㄏㄡˋ來ㄌㄞˊ他ㄊㄚ的ㄉㄜ˙孩ㄏㄞˊ子ㄗˇ都ㄉㄡ很ㄏㄣˇ有ㄧㄡˇ成ㄔㄥˊ就ㄐㄧㄡˋ， 美ㄇㄟˇ名ㄇㄧㄥˊ從ㄘㄨㄥˊ此ㄘˇ傳ㄔㄨㄢˊ遍ㄅㄧㄢˋ全ㄑㄩㄢˊ國ㄍㄨㄛˊ。

注釋

①義理：事物的意義和道理。

故事

陶母教兒有方

晉朝時，有個人叫陶侃。在他很小的時候，父親就去世了，母子倆相依為命①，生活十分貧苦。

一天，一個朋友來看望陶侃。陶侃沒有東西招待客人，心裡很著急。母親安慰他說：「我有辦法。」說完，母親把一頭烏黑的長髮剪了下來，然後換來白米和一些酒肉招待了客人。

不久後，陶侃在縣裡當了一個管理漁業的小官。剛上任不久，他派人給母親送去一罈鹹魚，母親原封不動②的退了回去，還寫信責備他公物私用、

做官不清廉。 母親的正直和勤
儉影響了陶侃的一生。 後來，
陶侃在仕途上聲名鵲起③， 成為
歷史上著名的賢臣。

注釋

①相依為命：彼此相互依靠過日子。
②原封不動：照原樣未經改變。
③聲名鵲起：形容聲譽興盛。聲名，名譽。鵲起，乘時機而起。

養不教，　父之過。
教不嚴，　師之惰。

譯文

　　只生育養活子女，　而不去好好教育他們，　那是做父母的過錯。　老師不嚴格要求學生，讓學生荒廢①了學業，　那就是老師失職。

注釋

①荒廢：把某種事物拋棄不管。

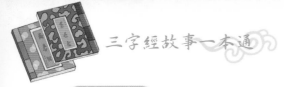

故 事

方仲永神童變庸人

　　北宋的時候，有個名叫方仲永的孩子，五歲時便開始寫詩。不論什麼題目，都能立刻成詩，而且內容深刻雅致，文采絢麗多姿。從此，人們都認為他是個神童①。縣裡的名流②富人，十分欣賞方仲永，還經常拿錢幫助他。

　　方仲永的父親看到這種情況，便認為這是件有利可圖的好事情，於是不再讓方仲永上學讀書，每天帶著方仲永輪流拜訪縣裡的那些名流富人，找機會表現方仲永的做詩天才，以博得那些人的誇讚和獎勵。

　　可是由於長期不努力用功

學習，方仲永漸漸才思不濟。等方仲永長大以後，已經是一個很平庸③的人了。

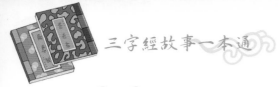

注 釋

①神童：非常聰明而有特殊才能的兒童。
②名流：著名人士。
③平庸：平凡、平常。

子不學，　非所宜。
幼不學，　老何為。

譯 文

當一個人如果不用心學習，這是不對的！年紀小的時，不肯努力用功學習，等到年紀大了，還能有什麼作為呢？

故事

和氏璧的由來

　　楚國的卞和在楚山中得到了一塊未經雕琢的璞玉①，拿去獻給楚厲王。厲王叫玉匠來鑑別，玉匠說它是一塊普通的石頭，厲王命人把卞和的左腳砍掉了。厲王死後，武王做了楚國的國君。卞和又捧著那塊璞玉獻給武王，結果被武王砍掉了右腳。

　　武王死了之後，文王繼承王位。聽說卞和抱著璞玉在楚山腳下哭了三天三夜，文王便派人問卞和：「你為什麼哭得這麼傷心？」

　　卞和回答道：「我悲痛的是寶玉被說成石頭，忠誠的好

人被當成騙子啊！」

　　文王便叫玉匠認真的加工琢磨②這塊璞玉，果然發現這是一塊稀世的寶玉，於是把它命名為「和氏璧」，用以昭示卞和的膽識與忠貞。

注釋

①璞玉：還沒有經過琢磨的玉。
②琢磨：將玉石雕琢以後再加以磨光。

玉不琢，不成器。
人不學，不知義。

譯文

　　一塊玉石，如果不經過打磨雕琢，就不能成為有價值的器具。人年少時如果不學習，就不能明白做人處事的道理。

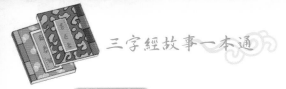

故 事

管寧割席分坐

東漢末年，管寧和華歆兩個人在同一個地方讀書，成了形影不離①的好朋友。

一次，兩人一起到院子裡鋤草。忽然發現了一塊金子，管寧視若無睹②，繼續揮動著鋤頭；而華歆卻動了心，伸手拾起金子，但想到管寧在旁邊，礙於情面，華歆又把金子扔到了牆外。

又有一次，管寧和華歆正一起坐在席上讀書。忽然有一位坐著轎子的官員正從門前經過，管寧照常讀書，華歆卻放下書本，跑出去看。管寧見華歆竟然是這樣的人，於是堅決

的割斷了和他
並坐的席子，
並面色嚴肅的
對華歆說：「
從現在開始，
你不再是我的
朋友了。」

注 釋

①形影不離：像形體和影子那樣分不開。形容彼此關係非常密切，
經常互相伴隨。
②視若無睹：雖然看見了，卻沒有把它放在心上，就好像沒有看見
一樣。

為ㄨㄟˊ人ㄖㄣˊ子ㄗˇ，　方ㄈㄤ少ㄕㄠˋ時ㄕˊ。
親ㄑㄧㄣ師ㄕ友ㄧㄡˇ，　習ㄒㄧˊ禮ㄌㄧˇ儀ㄧˊ。

譯 文

做ㄗㄨㄛˋ兒ㄦˊ女ㄋㄩˇ的ㄉㄜ
人ㄖㄣˊ，　在ㄗㄞˋ小ㄒㄧㄠˇ的ㄉㄜ時ㄕˊ
候ㄏㄡˋ就ㄐㄧㄡˋ應ㄧㄥ該ㄍㄞ要ㄧㄠˋ親ㄑㄧㄣ
近ㄐㄧㄣˋ、結ㄐㄧㄝˊ交ㄐㄧㄠ良ㄌㄧㄤˊ師ㄕ
益ㄧˋ友ㄧㄡˇ，　從ㄘㄨㄥˊ他ㄊㄚ們ㄇㄣˊ
那ㄋㄚˋ裡ㄌㄧˇ學ㄒㄩㄝˊ習ㄒㄧˊ待ㄉㄞˋ人ㄖㄣˊ
處ㄔㄨˇ事ㄕˋ的ㄉㄜ基ㄐㄧ本ㄅㄣˇ禮ㄌㄧˇ
儀ㄧˊ。

故事

黃香搧席溫被

　　在漢朝時期，有個人叫黃香。九歲時，母親就去世了，從此，他和父親相依為命。

　　父親的身體不太好，黃香把全部的精力都用來服侍他的父親。挑水、煮飯、劈柴、洗衣服……家裡所有的家務事黃香都主動承擔，從不讓父親勞累。

　　夏天天氣炎熱，父親因為天太熱，晚上總睡不好覺，黃香就用芭蕉扇搧枕席給父親降溫，父親躺下後，黃香又在父親床邊一直搧個不停。冬天天氣寒冷，黃香會先睡進父親的棉被裡，用自己的身體使棉被

溫暖，然後再請父親入睡。

　　黃香的孝行，使他在以後做人和求學上都有所成就，同時也深受後人敬仰和讚賞。

香九齡，能溫席。
孝於親，所當執。

　　黃香九歲的時候，知道父親冬天怕冷，就先用身體給父親暖被子。像黃香這種孝順父母的行為，是每個子女都應該做的事。

故事

孔融讓梨

　　孔融是一位東漢末年的文學家，他有五個哥哥和一個弟弟。

　　一天，有人送來一籃梨，父親讓孔融先選。孔融不挑好的，不揀大的，只拿了一個最小的。父親便問孔融：「這麼多的梨，又讓你先拿，你為什麼不拿大的呢？」孔融回答說：「我年紀小，應該拿最小的，大的留給哥哥吃。」

　　父親又問他：「你還有個弟弟呀，弟弟不是比你還要小嗎？」孔融回說道：「我比弟弟大，我是哥哥，應該把大的留給弟

孔融讓梨

弟ㄉㄧˋ吃ㄔ。」父ㄈㄨˋ親ㄑㄧㄣ聽ㄊㄧㄥ了ㄌㄜ˙，哈ㄏㄚ哈ㄏㄚ大ㄉㄚˋ笑ㄒㄧㄠˋ道ㄉㄠˋ：「你ㄋㄧˇ真ㄓㄣ是ㄕˋ一ㄧˊ個ㄍㄜˋ好ㄏㄠˇ孩ㄏㄞˊ子ㄗ˙。」

融ㄖㄨㄥˊ四ㄙˋ歲ㄙㄨㄟˋ，能ㄋㄥˊ讓ㄖㄤˋ梨ㄌㄧˊ。
弟ㄉㄧˋ於ㄩˊ長ㄓㄤˇ，宜ㄧˊ先ㄒㄧㄢ知ㄓ。

譯 文

孔ㄎㄨㄥˇ融ㄖㄨㄥˊ四ㄙˋ歲ㄙㄨㄟˋ的ㄉㄜ˙時ㄕˊ候ㄏㄡˋ，就ㄐㄧㄡˋ知ㄓ道ㄉㄠˋ把ㄅㄚˇ大ㄉㄚˋ的ㄉㄜ˙梨ㄌㄧˊ讓ㄖㄤˋ給ㄍㄟˇ哥ㄍㄜ哥ㄍㄜ˙和ㄏㄢˋ弟ㄉㄧˋ弟ㄉㄧ˙吃ㄔ。這ㄓㄜˋ種ㄓㄨㄥˇ尊ㄗㄨㄣ敬ㄐㄧㄥˋ兄ㄒㄩㄥ長ㄓㄤˇ、友ㄧㄡˇ愛ㄞˋ兄ㄒㄩㄥ弟ㄉㄧˋ的ㄉㄜ˙謙ㄑㄧㄢ遜ㄒㄩㄣˋ美ㄇㄟˇ德ㄉㄜˊ，是ㄕˋ我ㄨㄛˇ們ㄇㄣ˙從ㄘㄨㄥˊ小ㄒㄧㄠˇ就ㄐㄧㄡˋ應ㄧㄥ該ㄍㄞ知ㄓ道ㄉㄠˋ的ㄉㄜ˙事ㄕˋ情ㄑㄧㄥˊ。

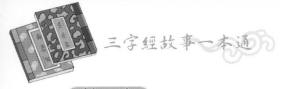

三字經故事一本通

故 事

韓建認字

　　韓建從小沒有讀過書。長大以後，他在地方上當了一名武官。職務在身，韓建深感自己不識字、沒有文化的苦處①，於是，下定決心從頭學起。

　　他吩咐僕人把房間裡所有的家具、器具全部用紙寫上名稱貼好，例如：桌子上貼了個「桌」字，床上貼了個「床」字，連吃飯的碗也在碗上貼了個「碗」字……一件不漏。每次，韓建看到一個器具，便把它與字體做對照，一邊看，一邊記住字形，這樣韓建很快就認識了很多字。

　　由於韓建惜時如金，不但

認ㄖㄣˋ識ㄕˋ了ㄌㄜ˙大ㄉㄚˋ量ㄌㄧㄤˋ的ㄉㄜ˙字ㄗˋ， 還ㄏㄞˊ從ㄘㄨㄥˊ閱ㄩㄝˋ讀ㄉㄨˊ的ㄉㄜ˙
書ㄕㄨ籍ㄐㄧˊ中ㄓㄨㄥ獲ㄏㄨㄛˋ得ㄉㄜ˙了ㄌㄜ˙大ㄉㄚˋ量ㄌㄧㄤˋ的ㄉㄜ˙歷ㄌㄧˋ史ㄕˇ知ㄓ識ㄕˋ
和ㄏㄜˊ兵ㄅㄧㄥ法ㄈㄚˇ知ㄓ識ㄕˋ， 終ㄓㄨㄥ於ㄩˊ成ㄔㄥˊ為ㄨㄟˊ了ㄌㄜ˙一ㄧˋ名ㄇㄧㄥˊ
文ㄨㄣˊ武ㄨˇ雙ㄕㄨㄤ全ㄑㄩㄢˊ②的ㄉㄜ˙將ㄐㄧㄤ領ㄌㄧㄥˇ。

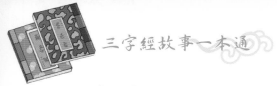
注釋

①苦處：痛苦、為難的事。
②文武雙全：能文又能武，智勇兼備。

首ㄕㄡˇ孝ㄒㄧㄠˋ弟ㄊㄧˋ，　次ㄘˋ見ㄐㄧㄢˋ聞ㄨㄣˊ。
知ㄓ某ㄇㄡˇ數ㄕㄨˋ，　識ㄕˋ某ㄇㄡˇ文ㄨㄣˊ。

譯文

　　做ㄗㄨㄛˋ人ㄖㄣˊ最ㄗㄨㄟˋ重ㄓㄨㄥˋ要ㄧㄠˋ的ㄉㄜ就ㄐㄧㄡˋ是ㄕˋ孝ㄒㄧㄠˋ順ㄕㄨㄣˋ父ㄈㄨˋ
母ㄇㄨˇ、友ㄧㄡˇ愛ㄞˋ兄ㄒㄩㄥ弟ㄉㄧˋ，　其ㄑㄧˊ次ㄘˋ才ㄘㄞˊ是ㄕˋ增ㄗㄥ廣ㄍㄨㄤˇ
見ㄐㄧㄢˋ聞ㄨㄣˊ、學ㄒㄩㄝˊ習ㄒㄧˊ知ㄓ識ㄕˋ。知ㄓ道ㄉㄠˋ了ㄌㄜ數ㄕㄨˋ字ㄗˋ
的ㄉㄜ變ㄅㄧㄢˋ化ㄏㄨㄚˋ以ㄧˇ及ㄐㄧˊ了ㄌㄧㄠˇ解ㄐㄧㄝˇ聖ㄕㄥˋ賢ㄒㄧㄢˊ的ㄉㄜ文ㄨㄣˊ章ㄓㄤ，
藉ㄐㄧㄝˋ著ㄓㄜ文ㄨㄣˊ章ㄓㄤ的ㄉㄜ薰ㄒㄩㄣ陶ㄊㄠˊ，　進ㄐㄧㄣˋ一ㄧˋ步ㄅㄨˋ修ㄒㄧㄡ養ㄧㄤˇ
自ㄗˋ己ㄐㄧˇ。

倉頡造字

故事

倉頡造字

　　倉頡是黃帝的史官，他用祖傳結繩記事①的方式替黃帝記載史實。時間一長，那些大大小小、奇形怪狀的繩結都記了些什麼，連他自己也忘記了。

　　有一天，倉頡心中猛然驚喜：既然一個腳印代表一種野獸，我為什麼不能用一種符號來表示我要記的東西呢？

　　後來，倉頡開始創造各種符號來表示事物。比如「日」字，是照著太陽紅圓的模樣畫的；「月」字，是仿照著月牙的形態描的……一天天過去，倉頡創造出早期的漢字雛形②，並將它們流傳開來。

三字經故事一本通

注 釋

①結繩記事：上古時代還沒有發明文字，人們便在繩上打結，作為記事的方法。
②雛形：事物剛發展的初步規模。

一ㄧ而ㄦˊ十ㄕˊ，　十ㄕˊ而ㄦˊ百ㄅㄞˇ。
百ㄅㄞˇ而ㄦˊ千ㄑㄧㄢ，　千ㄑㄧㄢ而ㄦˊ萬ㄨㄢˋ。

譯 文

　　所ㄙㄨㄛˇ有ㄧㄡˇ的ㄉㄜ數ㄕㄨˋ字ㄗˋ都ㄉㄡ是ㄕˋ從ㄘㄨㄥˊ一ㄧ開ㄎㄞ始ㄕˇ，一ㄧ到ㄉㄠˋ十ㄕˊ是ㄕˋ基ㄐㄧ本ㄅㄣˇ的ㄉㄜ數ㄕㄨˋ字ㄗˋ，然ㄖㄢˊ後ㄏㄡˋ十ㄕˊ個ㄍㄜˋ十ㄕˊ是ㄕˋ一ㄧ百ㄅㄞˇ，十ㄕˊ個ㄍㄜˋ一ㄧ百ㄅㄞˇ是ㄕˋ一ㄧ千ㄑㄧㄢ，十ㄕˊ個ㄍㄜˋ一ㄧ千ㄑㄧㄢ是ㄕˋ一ㄧ萬ㄨㄢˋ……這ㄓㄜˋ就ㄐㄧㄡˋ是ㄕˋ數ㄕㄨˋ字ㄗˋ的ㄉㄜ變ㄅㄧㄢˋ化ㄏㄨㄚˋ。

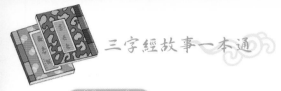

故事

盤古開天闢地

傳說萬物之初，是沒有天地，沒有日月星辰，更沒有人類生存。可是，在這片黑暗之中，卻孕育①了創造世界的盤古。盤古睡了一萬八千年，才醒了過來。盤古胳膊一伸，腿腳一蹬，黑暗就慢慢的分離了。輕的一部分上升變成了藍天，重的一部分下沉變成了大地。

盤古高舉雙手托住天空，他的身子一天長一丈。光陰過去了一萬八千年，盤古的身體變成了大山，各自支撐著天的一角。他的左眼，變成太陽、右眼變成月亮。他的頭髮和眉毛，變成了天上的星星。他的

聲音變成了雷霆閃電、肌肉變成了土壤、筋脈變成了道路、血液變成了滾滾的江河……從此，天上有了日月星辰，地上有了山川樹木，從此有了這生機勃勃②的世界。

注釋

①孕育：懷胎生育。此指培養。
②生機勃勃：充滿生命氣息的樣子。

三才者，　天地人。
三光者，　日月星。

譯　文

　　世間有「三才」，是天、地、人；宇宙有「三光」，是太陽、月亮、星星。

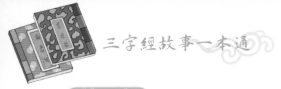

故事

楚莊斷纓

　　春秋時，楚莊王在宮殿內夜宴百官。忽然，殿內的燭火被風吹滅了，這時，楚莊王的妃子許姬突然感到有人摸了她的手。許姬非常惱怒，悄悄地告訴了楚莊王：「剛才有人調戲①我，我已扯斷了他帽子上的纓飾，一會兒請大王治他的罪行。」誰知楚莊王卻高聲說：「如果有人不拉斷帽纓，就是覺得自己喝得不盡興。」眾人聽楚莊王這樣說，紛紛把帽纓拉斷了。點著燭火後，許姬埋怨楚莊王包庇②輕薄③的小人，楚莊王卻說道：「酒後失態，是人之常情。」

後來，楚莊王派兵攻打鄭國，大將唐狡特別勇敢。原來他就是在宴會上被許姬扯斷帽纓的人，他奮勇殺敵，正是為了報答楚莊王的寬容大度。

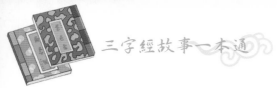
三字經故事一本通

注釋

①調戲：以輕薄的言語、行為，戲弄婦女。

②包庇：袒護不正當的人或行為。

③輕薄：言行不莊重、不敦厚，對人不尊重。

三綱者， 君臣義。
父子親， 夫婦順。

譯文

　　維持人與人之間最重要的三種倫常關係是：君臣之間有道義，父子之間有親情，夫妻之間能相互尊重、和睦相處。

故事

黃曆的由來

　　中國是世界上最早進入農耕社會的國家之一。農業生產要求準確的農事季節，所以，人們自然要十分勤奮的觀測天象①。

　　西漢以前，我國有六種古曆法，即黃帝曆、顓頊曆、夏曆、殷曆、周曆和魯曆，傳說以黃帝時創造的黃帝曆最為古老。

　　當時，黃帝的手下有兩個大臣：一個叫義和、一個叫常儀，他們兩個人對天象都很感興趣。為了更好的發展農業，黃帝便命義和研究太陽的運行規律，命常儀研究月亮和星辰

的變化規律。

　　經過一段時間的努力，義和與常儀終於研究出了一套曆法，因為這套曆法是在黃帝時期開始使用的，所以叫做「黃曆」。

　　以後的歷代皇帝都很重視曆法的修訂。九世紀初的唐王朝曾下令，曆書必須經皇帝親自審定後才能頒布，並且規定了曆書只許官方印，不准私人印。從此，「黃曆」就成了「皇曆」。

注釋

①天象：天空中的種種現象，古人依此來預測吉凶。

曰春夏，　曰秋冬。
此四時，　運不窮。

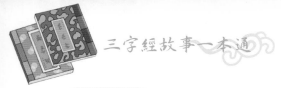

譯文

　　一年之中春、夏、秋、冬四季，循環運轉，永無止息。

故事

女媧補天

　　盤古開天闢地①以後，天上有了日月星辰，地上有了山川樹木，整個世界美麗極了。

　　有一位女神名叫女媧，在開滿鮮花的原野上嬉戲。傳說女媧是一個人首蛇身的女神，她一會兒來到潔白的雪山，一會兒下到清涼的山谷，快樂的在草原上奔跑。可是漸漸的，女媧感到有些孤單，她心裡想著：這世界要是有了人可熱鬧多了。於是女媧用黃泥沾水，捏出許許多多的男人和女人，給大地帶來了生機。

　　有一年，發生了水神和火神打仗。水神打敗了，氣得用

頭去撞西方的不周山②，結果將這座撐天的大柱撞塌了，天上出現了一個巨大的窟窿③。霎時之間，大雨傾盆而下，地面也裂開了一道大口子，洪水噴湧而出，好多人躲閃不及，都被洪水吞噬④了。大火也呼嘯著，席捲⑤山林。那些平時躲藏起來的猛禽怪獸呼啦啦一齊出動，見人就撲。一些老人和小孩來不及跑，都被這些凶猛的動物吃掉了。

人們哭叫聲驚動了女媧，女媧決心要拯救她的孩子們，於是她背著開山斧，從東山採來紅砂石，也從西山採來白玉石，又從南山、北山、中山採來其他三種顏色的石頭，把這五色石一起放進熔爐裡。

過了九九八十一天，五色石終於熔成了糊狀的石漿。女

娲捧著石漿，一次次的飛上天空去補蒼天，可是每次只能修補一點。經過不斷的積累，女娲終於把天給補好了。

女娲又捉來一隻大鼇⑥，把牠的四條腿砍下，當作四根柱子，分別豎在大地的四個角，支撐了天地的四方。就這樣，人們又重新安居樂業⑦的生活。

直到現在，當天空出現彩虹的時候，人們就說這是女娲補天的五色石泛出的彩光。

注釋

①開天闢地：傳說遠古時代宇宙一片混沌，盤古開天闢地，才開始了人類的歷史。後來　用以表示以前未有過，有史以來第一次。

②不周山：神話傳說中的山名。據聞在上古時代，共工與顓頊為爭奪帝位，一怒之下，擊壞天柱，致此山缺壞不周，故稱為「不周山」。

③窟窿：洞穴。

④吞噬：吞食、淹沒。

⑤席捲：全部搜括，沒有一點兒剩餘。

⑥鼇：一種海中大龜。

⑦安居樂業：形容人們生活安定，對所從事的工作感到滿意。

曰（ㄩㄝ）南（ㄋㄢ）北（ㄅㄟ），　曰（ㄩㄝ）西（ㄒㄧ）東（ㄉㄨㄥ）。
此（ㄘ）四（ㄙ）方（ㄈㄤ），　應（ㄧㄥ）乎（ㄏㄨ）中（ㄓㄨㄥ）。
曰（ㄩㄝ）水（ㄕㄨㄟ）火（ㄏㄨㄛ），　木（ㄇㄨ）金（ㄐㄧㄣ）土（ㄊㄨ）。
此（ㄘ）五（ㄨ）行（ㄒㄧㄥ），　本（ㄅㄣ）乎（ㄏㄨ）數（ㄕㄨ）。

譯　文

　　東（ㄉㄨㄥ）、南（ㄋㄢ）、南（ㄋㄢ）、西（ㄒㄧ）、北（ㄅㄟ）是（ㄕ）地（ㄉㄧ）理（ㄌㄧ）的（ㄉㄜ）四（ㄙ）個（ㄍㄜ）主（ㄓㄨ）要（ㄧㄠ）方（ㄈㄤ）向（ㄒㄧㄤ）。這（ㄓㄜ）四（ㄙ）個（ㄍㄜ）方（ㄈㄤ）位（ㄨㄟ），以（ㄧ）中（ㄓㄨㄥ）央（ㄧㄤ）為（ㄨㄟ）準（ㄓㄨㄣ），相（ㄒㄧㄤ）互（ㄏㄨ）對（ㄉㄨㄟ）應（ㄧㄥ）。金（ㄐㄧㄣ）、木（ㄇㄨ）、水（ㄕㄨㄟ）、火（ㄏㄨㄛ）、土（ㄊㄨ），是（ㄕ）構（ㄍㄡ）成（ㄔㄥ）物（ㄨ）質（ㄓ）的（ㄉㄜ）五（ㄨ）種（ㄓㄨㄥ）基（ㄐㄧ）本（ㄅㄣ）特（ㄊㄜ）性（ㄒㄧㄥ），稱（ㄔㄥ）為（ㄨㄟ）五（ㄨ）行（ㄒㄧㄥ）。這（ㄓㄜ）五（ㄨ）行（ㄒㄧㄥ）的（ㄉㄜ）變（ㄅㄧㄢ）化（ㄏㄨㄚ）是（ㄕ）根（ㄍㄣ）據（ㄐㄩ）數（ㄕㄨ）字（ㄗ）的（ㄉㄜ）原（ㄩㄢ）理（ㄌㄧ）加（ㄐㄧㄚ）以（ㄧ）歸（ㄍㄨㄟ）納（ㄋㄚ），發（ㄈㄚ）現（ㄒㄧㄢ）它（ㄊㄚ）們（ㄇㄣ）之（ㄓ）間（ㄐㄧㄢ）有（ㄧㄡ）相（ㄒㄧㄤ）生（ㄕㄥ）相（ㄒㄧㄤ）剋（ㄎㄜ）的（ㄉㄜ）關（ㄍㄨㄢ）係（ㄒㄧ）。

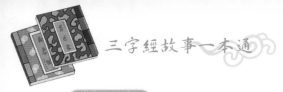

故 事

管鮑之交

　　春秋時期，齊國的政治家管仲和鮑叔牙是知己①。當時齊襄公有兩個兒子：他的大兒子叫糾，小兒子叫小白。管仲輔佐大公子糾，鮑叔牙則侍奉另一個公子小白。後來，小白當上了國王，歷史上稱為「齊桓公」。齊桓公一當上國王，就把管仲囚禁②起來。可是鮑叔牙卻大力舉薦③被囚禁的管仲，說他忠實可靠，可以幫助齊桓公治理國家。齊桓公被鮑叔牙說服，把管仲接到齊國當

管鮑之交

了丞相，而鮑叔牙卻甘心做管仲的助手。管仲和鮑叔牙齊心合力，輔佐齊桓公，使齊桓公最終成為諸侯中的霸主④。

注釋

①知己：交情深厚，十分了解自己的朋友。
②囚禁：監禁、關起來。
③舉薦：保舉推薦。
④霸主：春秋時代勢力最大，取得統治地位的諸侯。

曰仁義，禮智信。
此五常，不容紊。

譯文

　　意指仁愛、公正、禮貌、明智、守信，維繫著人與人間的關係，是處事做人的標準。這五種道理永遠不變，所以每個人都應該遵守，不可紊亂疏忽。

故事

后(ㄏㄡˋ)稷(ㄐㄧˋ)與(ㄩˇ)六(ㄌㄧㄡˋ)穀(ㄍㄨˇ)

人(ㄖㄣˊ)類(ㄌㄟˋ)誕(ㄉㄢˋ)生(ㄕㄥ)以(ㄧˇ)後(ㄏㄡˋ)，靠(ㄎㄠˋ)打(ㄉㄚˇ)獵(ㄌㄧㄝˋ)、捕(ㄅㄨˇ)魚(ㄩˊ)或(ㄏㄨㄛˋ)者(ㄓㄜˇ)採(ㄘㄞˇ)集(ㄐㄧˊ)野(ㄧㄝˇ)果(ㄍㄨㄛˇ)為(ㄨㄟˊ)生(ㄕㄥ)，終(ㄓㄨㄥ)日(ㄖˋ)奔(ㄅㄣ)波(ㄅㄛ)勞(ㄌㄠˊ)累(ㄌㄟˋ)，有(ㄧㄡˇ)時(ㄕˊ)候(ㄏㄡˋ)還(ㄏㄞˊ)要(ㄧㄠˋ)挨(ㄞˊ)餓(ㄜˋ)。

後(ㄏㄡˋ)來(ㄌㄞˊ)，一(ㄧ)個(ㄍㄜˋ)名(ㄇㄧㄥˊ)叫(ㄐㄧㄠˋ)棄(ㄑㄧˋ)的(ㄉㄜ˙)男(ㄋㄢˊ)孩(ㄏㄞˊ)透(ㄊㄡˋ)過(ㄍㄨㄛˋ)仔(ㄗˇ)細(ㄒㄧˋ)的(ㄉㄜ˙)觀(ㄍㄨㄢ)察(ㄔㄚˊ)辨(ㄅㄧㄢˋ)別(ㄅㄧㄝˊ)，把(ㄅㄚˇ)野(ㄧㄝˇ)生(ㄕㄥ)的(ㄉㄜ˙)麥(ㄇㄞˋ)子(ㄗˇ)、稻(ㄉㄠˋ)子(ㄗˇ)、大(ㄉㄚˋ)豆(ㄉㄡˋ)、高(ㄍㄠ)粱(ㄌㄧㄤˊ)，以(ㄧˇ)及(ㄐㄧˊ)各(ㄍㄜˋ)種(ㄓㄨㄥˇ)瓜(ㄍㄨㄚ)果(ㄍㄨㄛˇ)的(ㄉㄜ˙)種(ㄓㄨㄥˇ)子(ㄗˇ)都(ㄉㄡ)採(ㄘㄞˇ)集(ㄐㄧˊ)起(ㄑㄧˇ)來(ㄌㄞˊ)，種(ㄓㄨㄥˋ)在(ㄗㄞˋ)自(ㄗˋ)己(ㄐㄧˇ)開(ㄎㄞ)墾(ㄎㄣˇ)的(ㄉㄜ˙)小(ㄒㄧㄠˇ)片(ㄆㄧㄢˋ)土(ㄊㄨˇ)地(ㄉㄧˋ)裡(ㄌㄧˇ)，定(ㄉㄧㄥˋ)時(ㄕˊ)澆(ㄐㄧㄠ)水(ㄕㄨㄟˇ)、除(ㄔㄨˊ)草(ㄘㄠˇ)。在(ㄗㄞˋ)棄(ㄑㄧˋ)的(ㄉㄜ˙)悉(ㄒㄧ)心(ㄒㄧㄣ)照(ㄓㄠˋ)料(ㄌㄧㄠˋ)下(ㄒㄧㄚˋ)，每(ㄇㄟˇ)種(ㄓㄨㄥˇ)穀(ㄍㄨˇ)物(ㄨˋ)和(ㄏㄢˋ)瓜(ㄍㄨㄚ)果(ㄍㄨㄛˇ)都(ㄉㄡ)長(ㄓㄤˇ)得(ㄉㄜ˙)非(ㄈㄟ)常(ㄔㄤˊ)良(ㄌㄧㄤˊ)好(ㄏㄠˇ)，最(ㄗㄨㄟˋ)終(ㄓㄨㄥ)結(ㄐㄧㄝˊ)出(ㄔㄨ)了(ㄌㄜ˙)豐(ㄈㄥ)碩(ㄕㄨㄛˋ)的(ㄉㄜ˙)果(ㄍㄨㄛˇ)實(ㄕˊ)。

棄(ㄑㄧˋ)把(ㄅㄚˇ)自(ㄗˋ)己(ㄐㄧˇ)在(ㄗㄞˋ)農(ㄋㄨㄥˊ)業(ㄧㄝˋ)方(ㄈㄤ)面(ㄇㄧㄢˋ)積(ㄐㄧ)累(ㄌㄟˇ)的(ㄉㄜ˙)豐(ㄈㄥ)富(ㄈㄨˋ)經(ㄐㄧㄥ)驗(ㄧㄢˋ)和(ㄏㄢˋ)農(ㄋㄨㄥˊ)耕(ㄍㄥ)知(ㄓ)識(ㄕˋ)全(ㄑㄩㄢˊ)都(ㄉㄡ)毫(ㄏㄠˊ)無(ㄨˊ)保(ㄅㄠˇ)留(ㄌㄧㄡˊ)的(ㄉㄜ˙)傳(ㄔㄨㄢˊ)授(ㄕㄡˋ)給(ㄍㄟˇ)人(ㄖㄣˊ)們(ㄇㄣ˙)，從(ㄘㄨㄥˊ)而(ㄦˊ)使(ㄕˇ)人(ㄖㄣˊ)們(ㄇㄣ˙)逐(ㄓㄨˊ)步(ㄅㄨˋ)擺(ㄅㄞˇ)脫(ㄊㄨㄛ)了(ㄌㄜ˙)僅(ㄐㄧㄣˇ)靠(ㄎㄠˋ)打(ㄉㄚˇ)獵(ㄌㄧㄝˋ)、捕(ㄅㄨˇ)

魚和採食野果為生的生活。因此人們把棄尊稱為「后稷」。「后」的意思是君王,「稷」的意思是糧食。

稻粱菽, 麥黍稷。
此六穀, 人所食。

譯　文

稻米、高粱、豆類、麥子、小米和穀類稱為六穀,是人類主要的糧食。

67

故事

伏羲馴六畜

五千多年以前，伏羲氏做部落首領的時候，人們都是以打獵為生。如果遇到惡劣的天氣，會抓不到野獸，人們沒有辦法，只能忍飢挨餓。

伏羲氏看到這種情況，就想到了一個好辦法：當天氣好的時候，可以多抓一些野獸回來，吃不完的就把牠們飼養起來。

後來經過人們的挑選，漸漸固定了一些可以飼養的野獸品種，也就是六畜，包括有：馬、牛、羊、雞、狗、豬。這些牲畜除了供人們食用，還有許多其他的用途。如：馬可以

拉_{ㄌㄚ}車_{ㄔㄜ}、 牛_{ㄋㄧㄡ}能_{ㄋㄥ}耕_{ㄍㄥ}田_{ㄊㄧㄢ}、 雞_{ㄐㄧ}能_{ㄋㄥ}報_{ㄅㄠ}時_ㄕ、
狗_{ㄍㄡ}能_{ㄋㄥ}看_{ㄎㄢ}家_{ㄐㄧㄚ}。

馬ㄇㄚˇ牛ㄋㄧㄡˊ羊ㄧㄤˊ， 雞ㄐㄧ犬ㄑㄩㄢˇ豕ㄕˇ。
此ㄘˇ六ㄌㄧㄡˋ畜ㄔㄨˋ， 人ㄖㄣˊ所ㄙㄨㄛˇ飼ㄙˋ。

譯 文

馬ㄇㄚˇ、 牛ㄋㄧㄡˊ、 羊ㄧㄤˊ、 雞ㄐㄧ、 狗ㄍㄡˇ、
豬ㄓㄨ， 這ㄓㄜˋ六ㄌㄧㄡˋ種ㄓㄨㄥˇ動ㄉㄨㄥˋ物ㄨˋ是ㄕˋ人ㄖㄣˊ類ㄌㄟˋ飼ㄙˋ養ㄧㄤˇ的ㄉㄜ
主ㄓㄨˇ要ㄧㄠˋ家ㄐㄧㄚ畜ㄔㄨˋ。

故事

范進中舉

　　范進二十歲開始應考，連續考了三十多年，全都名落孫山①。他窮困潦倒②，處處遭人白眼③和嘲笑，讓他又生氣又悲哀，但他並不氣餒④，五十一歲時，他還要去碰碰運氣。沒有想到，這次范進考取了秀才⑤！半年以後，竟又考取了舉人⑥！當他得知這個消息，兩手拍了一下，笑了一聲說：「噫！我中了！」說著，往後一跌，不省人事⑦。旁邊的人慌了，連忙給他水喝。他爬起來，又拍著手大笑道：「噫！太好了！我中了！」笑著就往門外奔跑，走出大門沒多遠，就一腳踩在

71

池塘裡，　兩手黃泥，　溼淋淋一身的水。　眾人拉不住他，　都說道：「原來新舉人已經歡喜瘋了。」

范進中舉

注釋

①名落孫山：比喻沒有考上或選拔時沒有被錄取。

②窮困潦倒：形容一個人窮困憂愁，處境狼狽。

③白眼：怒目斜視，眼睛露出較多的白色部分，表示輕視鄙惡。

④氣餒：沮喪而沒有勇氣。

⑤秀才：科舉時代科目之稱。始於漢，後避光武諱改稱茂才，唐與明經、進士並設科目，宋則凡應舉者皆稱秀才，明清專稱入縣學的生員。

⑥舉人：原為選用人才之意；唐、宋各地鄉貢入京應試者，通稱為舉人；明、清專稱鄉試登第者為舉人。

⑦不省人事：因昏迷而失去知覺。

曰ㄩㄝ 喜ㄒㄧˇ 怒ㄋㄨˋ，　曰ㄩㄝ 哀ㄞ 懼ㄐㄩˋ。
愛ㄞˋ 惡ㄨˋ 欲ㄩˋ，　七ㄑㄧ 情ㄑㄧㄥˊ 具ㄐㄩˋ。

譯 文

喜ㄒㄧˇ悅ㄩㄝˋ、生ㄕㄥ氣ㄑㄧˋ、悲ㄅㄟ哀ㄞ、恐ㄎㄨㄥˇ懼ㄐㄩˋ、愛ㄞˋ戀ㄌㄧㄢˋ、討ㄊㄠˇ厭ㄧㄢˋ、欲ㄩˋ望ㄨㄤˋ，這ㄓㄜˋ七ㄑㄧ種ㄓㄨㄥˇ情ㄑㄧㄥˊ感ㄍㄢˇ是ㄕˋ每ㄇㄟˇ個ㄍㄜˋ人ㄖㄣˊ與ㄩˇ生ㄕㄥ俱ㄐㄩˋ來ㄌㄞˊ，自ㄗˋ然ㄖㄢˊ表ㄅㄧㄠˇ達ㄉㄚˊ的ㄉㄜ˙情ㄑㄧㄥˊ緒ㄒㄩˋ。

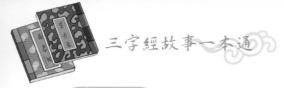

故事

俞伯牙和鍾子期

　　春秋時期，有位著名的琴師叫俞伯牙。為了在琴技上達到更高的境界，他經常一人獨處孤島，面對清風明月，不禁思緒萬千①，觸景生情②，有感而發，琴藝大長。但是，能聽懂他曲子的人卻不多。

　　一次，俞伯牙注意到有人在聽他彈琴，原來是一個叫鍾子期的打柴人。俞伯牙彈了一首讚美高山的曲調，鍾子期讚嘆道：「真好！雄偉而莊重，好像高聳入雲的泰山一樣！」當他彈奏表現奔騰澎湃③的波濤時，鍾子期稱讚道：「真好！寬廣浩蕩④，好像看見滾滾的流

水、無邊的大海一般！」俞伯牙很激動，對鍾子期說道：「這個世界上只有你才懂得我的心聲，你真是我的知音啊！」於是兩個人結拜⑤為生死之交⑥。後來，

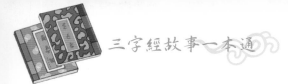

鍾子期不幸因病去世了。俞伯牙聞聽後悲痛欲絕⑦，從此，與琴絕緣，再也沒有彈過琴。

注釋

①思緒萬千：形容繁複的思慮、情緒像千絲萬縷般的多。
②觸景生情：看到眼前的景象，因而引起內心某種感情。
③澎湃：波浪互相激盪的聲音。比喻情緒高漲。
④浩蕩：聲勢壯大的樣子。
⑤結拜：結為異姓兄弟姊妹。
⑥生死之交：可以同生共死的情誼。
⑦悲痛欲絕：悲傷痛苦到絕望的地步，形容傷痛不已。

匏土革，木石金，
絲與竹，乃八音。

譯文

我國古代把製造樂器的材料分為八種：陶匏、黏土、皮革、木材、玉石、金屬、絲弦

俞伯牙和鍾子期

和「竹管」，這八種樂器發出的聲音稱為「八音」。

77

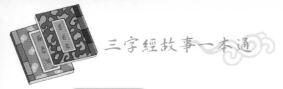

故事

愚公移山

　　傳說，有位老人叫愚公，快九十歲了，在他家的門口有兩座大山。一天，愚公召集全家人開始動手搬山。河曲有個叫智叟的人聽說了這件事，嘲笑愚公說：「你這麼大歲數了，怎麼可能搬走兩座大山呢？」愚公回道：「我雖然快要死了，但是我還有兒子、孫子，

我還有兒子、孫子，子子孫孫，無窮無盡。

78

子子孫孫，無窮無盡。」終於有一天，天帝被愚公的精神感動，命令兩個天神幫助他背走了兩座大山。從此愚公門前暢通無阻①。

注釋

①暢通無阻：自由自在的行走，沒有任何阻礙。

高曾祖，父而身。
身而子，子而孫，
自子孫，至玄曾。
乃九族，人之倫。

在家族中有一定的長幼順序，這順序是從高祖父、曾祖父、祖父，父親，接下來是自己，往下則是兒子、孫子、曾孫、玄孫，一共九代，稱為「九族」。九族代表著人的長幼尊卑秩序和家族血統的承續關係。

故 事

曹植七步成詩

　　曹丕繼位以後，非常嫉妒弟弟曹植的才能。一次，曹丕抓住了機會，打算藉機懲罰曹植，便對曹植說：「除非你能在七步之內做出一首完整而且合乎韻律的詩，否則我就命人砍了你的頭。」

　　曹植知道這是哥哥故意在為難自己，但哥哥現在是當今的皇帝，自己絕不能違抗皇上的命令，曹植只得唯命是從①。想到迫害自己的人竟是自己的親兄長，曹植感到異常悲憤，於是，當即吟下四句詩：「煮豆燃豆萁，豆在釜中泣，本是同根生，相煎何太急！」皇帝

曹植七步成詩

三字經故事一本通

曹丕聽了這首詩，感到非常慚愧，也就不再加害自己的弟弟了。

注釋

①唯命是從：完全聽從命令，絲毫不敢反抗。

父子恩， 夫婦從，
兄則友， 弟則恭。

譯 文

　　父親與兒子之間要注重相互的恩情，夫妻之間的感情要和順，哥哥對弟弟要友愛，弟弟對哥哥則要尊敬。

故 事

祁ㄑㄧˊ奚ㄒㄧ之ㄓ舉ㄐㄩˇ

　　春秋時期，晉國的大臣祁奚，為人非常正直。一次，南陽長官的職位出現空缺，祁奚對國君說：「解狐很適合。」國君很驚訝：「解狐不是你的仇人嗎？」祁奚答道：「您是在問誰適合做南陽的長官，不是問我的仇人呀！」過了一段時間，國家缺少一個尉，祁奚說：「祁午可以。」國君不理解的問：「祁午不是您的兒子嗎？」祁奚回答：「您是在問誰能當尉，不是問誰是我的兒子呀！」後來證明，解狐和祁午都是非常稱職的官員。

長ㄓㄤˇ幼ㄧㄡˋ序ㄒㄩˋ， 友ㄧㄡˇ與ㄩˇ朋ㄆㄥˊ。
君ㄐㄩㄣ則ㄗㄜˊ敬ㄐㄧㄥˋ， 臣ㄔㄣˊ則ㄗㄜˊ忠ㄓㄨㄥ。
此ㄘˇ十ㄕˊ義ㄧˋ， 人ㄖㄣˊ所ㄙㄨㄛˇ同ㄊㄨㄥˊ。

譯　文

　　年ㄋㄧㄢˊ長ㄓㄤˇ的ㄉㄜ和ㄏㄜˊ年ㄋㄧㄢˊ幼ㄧㄡˋ的ㄉㄜ交ㄐㄧㄠ往ㄨㄤˇ要ㄧㄠˋ注ㄓㄨˋ意ㄧˋ長ㄓㄤˇ幼ㄧㄡˋ尊ㄗㄨㄣ卑ㄅㄟ的ㄉㄜ次ㄘˋ序ㄒㄩˋ；朋ㄆㄥˊ友ㄧㄡˇ相ㄒㄧㄤ處ㄔㄨˇ應ㄧㄥ該ㄍㄞ互ㄏㄨˋ相ㄒㄧㄤ講ㄐㄧㄤˇ信ㄒㄧㄣˋ用ㄩㄥˋ。君ㄐㄩㄣ主ㄓㄨˇ要ㄧㄠˋ尊ㄗㄨㄣ重ㄓㄨㄥˋ他ㄊㄚ的ㄉㄜ臣ㄔㄣˊ子ㄗˇ，官ㄍㄨㄢ吏ㄌㄧˋ們ㄇㄣ要ㄧㄠˋ對ㄉㄨㄟˋ君ㄐㄩㄣ主ㄓㄨˇ忠ㄓㄨㄥ心ㄒㄧㄣ。前ㄑㄧㄢˊ面ㄇㄧㄢˋ提ㄊㄧˊ到ㄉㄠˋ的ㄉㄜ十ㄕˊ義ㄧˋ是ㄕˋ：父ㄈㄨˋ慈ㄘˊ、子ㄗˇ孝ㄒㄧㄠˋ、夫ㄈㄨ和ㄏㄜˊ、妻ㄑㄧ順ㄕㄨㄣˋ、兄ㄒㄩㄥ友ㄧㄡˇ、弟ㄉㄧˋ恭ㄍㄨㄥ、朋ㄆㄥˊ信ㄒㄧㄣˋ、友ㄧㄡˇ義ㄧˋ、君ㄐㄩㄣ敬ㄐㄧㄥˋ、臣ㄔㄣˊ忠ㄓㄨㄥ，這ㄓㄜˋ是ㄕˋ人ㄖㄣˊ人ㄖㄣˊ都ㄉㄡ應ㄧㄥ遵ㄗㄨㄣ守ㄕㄡˇ的ㄉㄜ，千ㄑㄧㄢ萬ㄨㄢˋ不ㄅㄨˋ能ㄋㄥˊ違ㄨㄟˊ背ㄅㄟˋ。

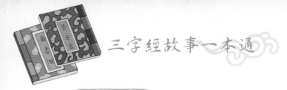

故 事

王僧儒知孝

　　南北朝時期，有一個著名的學者叫王僧儒，從小就勤奮好學。他開始讀《孝經》的時候，十分刻苦，死記硬背，能把整本書都背下來。可是，當有人問他關於孝的道理時，卻答不上來。因為這件事，王僧儒明白了，讀書時是要講究學習的方法，只靠死記硬背是不行的，必須還要懂得書中的道理。從此，他不再只侷限①於讀書，還仔細體會書中所說的道理，運用到實際生活中。

　　一次，父親的一個朋友來家裡作客，王僧儒利用書上講的道理，熱情的替父親招待客

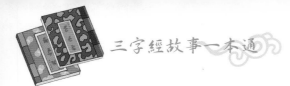

人，得到了長輩們的稱讚。

注釋

①侷限：限制於固定的範圍內。

凡訓蒙，需講究。
詳訓詁，明句讀。

譯 文

凡是對於兒童進行啟蒙①教育，一定要講究教學方法。要對兒童講清楚每個字的含義，也要讓他們明白朗讀時如何斷句。

注釋

①啟蒙：開導啟發，使明白事理。

朱熹罰字

　　朱熹是宋朝著名的學者。小的時候，在一個桃花盛開的季節，父親讓他抄寫「桃花潭水深千尺，不及汪倫送我情」的詩句。朱熹寫好後趕緊拿給父親看，當父親看到朱熹把「桃」字寫成「挑」字，便生氣的說道：「心正字正，心不正則字不正。」

　　朱熹聽了父親的話感到非常羞愧，就主動要求寫一千個「桃」字懲罰自己。當他寫著寫著，窗外忽然風雨大作，這次，朱熹沒有分心，仍舊一個字一個字認認真真的寫著。

　　風雨停了，朱熹把這一千

個「桃」字拿給父親看， 父親
看了直點頭， 一邊誇獎， 一邊
帶他到園中散步。 到
了園中， 父親驚奇的
發現， 風雨過後， 桃
樹上依然桃花朵朵，
彷彿剛開的一樣。

為（ㄨㄟˊ）學（ㄒㄩㄝˊ）者（ㄓㄜˇ）， 必（ㄅㄧˋ）有（ㄧㄡˇ）初（ㄔㄨ）。
小（ㄒㄧㄠˇ）學（ㄒㄩㄝˊ）終（ㄓㄨㄥ）， 至（ㄓˋ）四（ㄙˋ）書（ㄕㄨ）。

譯　文

　　讀（ㄉㄨˊ）書（ㄕㄨ）求（ㄑㄧㄡˊ）學（ㄒㄩㄝˊ）， 必（ㄅㄧˋ）須（ㄒㄩ）要（ㄧㄠˋ）有（ㄧㄡˇ）一（ㄧ）個（ㄍㄜˋ）好（ㄏㄠˇ）的（ㄉㄜˊ）開（ㄎㄞ）始（ㄕˇ）， 才（ㄘㄞˊ）能（ㄋㄥˊ）奠（ㄉㄧㄢˋ）定（ㄉㄧㄥˋ）良（ㄌㄧㄤˊ）好（ㄏㄠˇ）的（ㄉㄜˊ）基（ㄐㄧ）礎（ㄔㄨˇ）。 應（ㄧㄥ）先（ㄒㄧㄢ）熟（ㄕㄨˊ）悉（ㄒㄧ）宋（ㄙㄨㄥˋ）朝（ㄔㄠˊ）朱（ㄓㄨ）熹（ㄒㄧ）所（ㄙㄨㄛˇ）著（ㄓㄨˋ）的（ㄉㄜˊ）《小（ㄒㄧㄠˇ）學（ㄒㄩㄝˊ）》這（ㄓㄜˋ）本（ㄅㄣˇ）書（ㄕㄨ）， 再（ㄗㄞˋ）來（ㄌㄞˊ）深（ㄕㄣ）究（ㄐㄧㄡˋ）《四（ㄙˋ）書（ㄕㄨ）》當（ㄉㄤ）中（ㄓㄨㄥ）修（ㄒㄧㄡ）身（ㄕㄣ）養（ㄧㄤˇ）性（ㄒㄧㄥˋ）治（ㄓˋ）國（ㄍㄨㄛˊ）平（ㄆㄧㄥˊ）天（ㄊㄧㄢ）下（ㄒㄧㄚˋ）的（ㄉㄜˊ）大（ㄉㄚˋ）學（ㄒㄩㄝˊ）問（ㄨㄣˋ）。

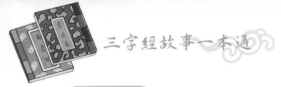

故事

孔子韋編三絕

　　孔子是春秋時期一位偉大的教育家，共培養了三千多名弟子。他一生勤以治學，鑽研學問，整理了大量古籍，編著了不少典籍。

　　孔子晚年時特別喜歡《易經》。《易經》是一本很難讀的書，學起來很吃力，孔子不怕吃苦，反覆誦讀，一直到弄懂為止。因孔子所處的時代，還沒有發明紙張，書都是用竹簡或木簡寫成的，把許多竹簡用皮條編穿在一起，便成為一冊書，所以當時的書都特別沉重。由於孔子刻苦學習，經常展開書簡翻閱，次數太多了，

孔子韋編三絕

竟使ㄕ皮ㄆ條ㄊ斷ㄉ了ㄌ三ㄙ次ㄘ。 「韋ㄨㄟ編ㄅㄧㄢ三ㄙ
絕ㄐㄩㄝ」這ㄓㄜ一ㄧ成ㄔ語ㄩ生ㄕ動ㄉ的ㄉ讚ㄗㄢ頌ㄙㄨ了ㄌ孔ㄎㄨ
子ㄗ勤ㄑㄧㄣ奮ㄈㄣ好ㄏㄠ學ㄒㄩㄝ的ㄉ精ㄐㄧ神ㄕㄣ。

論ㄌㄨㄣˊ語ㄩˇ者ㄓㄜˇ，　二ㄦˋ十ㄕˊ篇ㄆㄧㄢ。
群ㄑㄩㄣˊ弟ㄉㄧˋ子ㄗˇ，　記ㄐㄧˋ善ㄕㄢˋ言ㄧㄢˊ。

譯　文

　　《論ㄌㄨㄣˊ語ㄩˇ》一ㄧˋ共ㄍㄨㄥˋ有ㄧㄡˇ二ㄦˋ十ㄕˊ篇ㄆㄧㄢ，
是ㄕˋ孔ㄎㄨㄥˇ子ㄗˇ的ㄉㄜ學ㄒㄩㄝˊ生ㄕㄥ們ㄇㄣ根ㄍㄣ據ㄐㄩˋ孔ㄎㄨㄥˇ子ㄗˇ的ㄉㄜ言ㄧㄢˊ
行ㄒㄧㄥˊ以ㄧˇ及ㄐㄧˊ對ㄉㄨㄟˋ學ㄒㄩㄝˊ生ㄕㄥ的ㄉㄜ教ㄐㄧㄠˋ導ㄉㄠˇ所ㄙㄨㄛˇ做ㄗㄨㄛˋ的ㄉㄜ記ㄐㄧˋ
錄ㄌㄨˋ，　內ㄋㄟˋ
容ㄖㄨㄥˊ包ㄅㄠ括ㄍㄨㄛˋ
談ㄊㄢˊ論ㄌㄨㄣˋ為ㄨㄟˊ
人ㄖㄣˊ處ㄔㄨˇ世ㄕˋ
與ㄩˇ為ㄨㄟˊ政ㄓㄥˋ
行ㄒㄧㄥˊ仁ㄖㄣˊ的ㄉㄜ
言ㄧㄢˊ論ㄌㄨㄣˋ。

故 事

孟子談一暴十寒

　　齊王是個昏庸，做事沒有恆心，總是聽信小人的讒言①。孟子不滿的對齊王說：「天下雖然有生命力很強的生物，可是如果您把他放在陽光下晒一天，再把它放在陰寒的地方凍十天，他哪裡還活得成呢！大王剛有一點從善的決心，可是只要奸臣來哄騙您，您又會聽信他們的話。」孟子又給齊王講了一個故事：「奕秋是下棋能手，他有兩個徒弟。一個專心致志的學習棋藝；另一個卻總是心不在焉②，老希望有一隻大鳥從天邊飛來，好用箭射下大鳥。這兩個徒弟一個棋藝很

97

高，一個卻沒多大進展。這不是他們的智力有什麼區別，而是專心的程度不一樣。」齊王聽了孟子所說的故事之後感到很慚愧，從此便用心處理國家大事。

注釋

①讒言：中傷別人的話。

②心不在焉：焉，於此。心神不定，形容精神不集中。

孟子者，　七篇止。

講道德，　說仁義。

譯文

　　《孟子》這書共有七篇，內容是有關個人品行修養、發揚道德仁義等優良德行的言論，是從政治國的經典。

故事

中庸說不偏不倚

一天，孔子帶著學生們去瞻仰①魯桓公的宗廟②。

在廟裡，他們發現了一個形狀很怪異的容器，於是就問守廟的人：「這是什麼東西呢？」

守廟的人回答說道：「這是君王用來警示自己的酒壺。要想讓它平穩的立好，

水量就要剛剛好。如果水太少的話就會傾斜，水太多的話就會翻倒。做君王要不偏不倚，以公正的態度治理天下。」

孔子聽了點點頭，對學生們說道：「做人的道理也是一樣，做任何事情都不能自滿③，要懂得謙虛禮讓④。」

注釋

①瞻仰：由下往上看，有對人或事物表示欽佩的意思。
②宗廟：古時天子、諸侯奉祀祖先的廟。
③自滿：驕傲而不求上進。
④謙虛禮讓：虛心有禮的退讓，不自大自滿，不與人計較。

作中庸，子思筆。
中不偏，庸不易。

譯文

　　《中庸》這一本書是子思所做。「中」是不偏不倚的意思、「庸」是不變的意思。而《中庸》所說的是堅守不偏不倚、永不改變的天下至理。

故事

曾子殺豬講信

　　一個晴朗的早晨，曾子的妻子準備去集市買一些東西。小兒子知道之後，哭鬧著要跟去。曾子的妻子左哄右勸，他兒子就是不聽，還哇哇大哭起來，無奈下，她便對兒子說：「你在家等著，娘回來把豬殺了，給你吃豬肉。」

　　當曾子的妻子從集市回來時，還沒跨進家門就聽見院子裡捉豬的聲音。她進門一看，原來是曾子正準備殺豬給兒子做好吃的東西。她急忙上前攔住丈夫，說：「你怎麼拿我哄孩子的話當真呢？」曾子說：「在小孩面前是不能撒謊的。

他們年幼無知，經常從父母那裡學習知識，聽取教誨。如果我們現在說一些欺騙他的話，等於是教他今後去欺騙別人。這樣一來，你就很難再教育好自己的孩子了。」曾子的妻子覺得丈夫的話很有道理，於是心悅誠服①的幫助曾子殺豬，去毛剔骨切肉。沒過多久，曾子的妻子就為兒子做好了一頓豐盛的晚餐。

注釋

①心悅誠服：真心誠意的信服，打從心底真心的信服。

作大學，乃曾子，
自修齊，至平治。

譯　文

《大學》這一本書是曾子所寫，主要是從修身齊家來說起，教人要提高自身的修養，對內能使家庭團結，對外能治理政事，安邦定國。

故事

王祥臥冰求鯉

　　西晉的時候，有一個名叫王祥的男孩。繼母整天把重活都指派給王祥做，儘管這樣，王祥對父母始終非常孝敬。

　　有一年冬天，王祥的繼母得了病。她為了整治王祥，故意說想吃村邊河裡的鯉魚。第二天，王祥便頂著寒風來到小河邊。小河上早已結了厚厚的一層冰，於是王祥脫掉衣服臥在冰上，很快就被凍僵了。在這時候，一條火龍從天而降，臥在河邊。那火龍吐出的火球把岸邊的土都燒紅了，於是王祥很順利的捕到兩條鯉魚。

　　繼母吃了王祥提來的鯉魚

之後，卻不見病情好轉。一天晚上，王祥的繼母做了一個警告她不要再作惡的夢，而被嚇醒了。從此，繼母像變了一個人，對王祥非常好。後來，人們為了紀念王祥孝敬繼母的品德，把他臥冰求鯉的那條小河，取名叫王祥河。

孝（ㄒㄧㄠ）經（ㄐㄧㄥ）通（ㄊㄨㄥ），　四（ㄙ）書（ㄕㄨ）熟（ㄕㄡ）。
如（ㄖㄨ）六（ㄌㄧㄡ）經（ㄐㄧㄥ），　始（ㄕ）可（ㄎㄜ）讀（ㄉㄨ）。

譯　文

　　首（ㄕㄡ）先（ㄒㄧㄢ）讀（ㄉㄨ）《孝（ㄒㄧㄠ）經（ㄐㄧㄥ）》，要（ㄧㄠ）先（ㄒㄧㄢ）把（ㄅㄚ）《孝（ㄒㄧㄠ）經（ㄐㄧㄥ）》這（ㄓㄜ）一（ㄧ）部（ㄅㄨ）書（ㄕㄨ）的（ㄉㄜ）道（ㄉㄠ）理（ㄌㄧ）都（ㄉㄡ）融（ㄖㄨㄥ）會（ㄏㄨㄟ）貫（ㄍㄨㄢ）通（ㄊㄨㄥ）①，再（ㄗㄞ）讀（ㄉㄨ）《四（ㄙ）書（ㄕㄨ）》，明（ㄇㄧㄥ）白（ㄅㄞ）做（ㄗㄨㄛ）人（ㄖㄣ）處（ㄔㄨ）世（ㄕ）的（ㄉㄜ）道（ㄉㄠ）理（ㄌㄧ）。有（ㄧㄡ）了（ㄌㄜ）基（ㄐㄧ）礎（ㄔㄨ），然（ㄖㄢ）後（ㄏㄡ）才（ㄘㄞ）能（ㄋㄥ）研（ㄧㄢ）究（ㄐㄧㄡ）《六（ㄌㄧㄡ）經（ㄐㄧㄥ）》這（ㄓㄜ）些（ㄒㄧㄝ）深（ㄕㄣ）奧（ㄠ）的（ㄉㄜ）典（ㄉㄧㄢ）籍（ㄐㄧ）。

注　釋

①融會貫通：將各種知識或事物加以融合，進而獲得全面透徹的領會。

故　事

故　事

劉邦學新語

　　陸賈是西漢初期的思想家和政治家。他口才非常好，曾經跟著漢高祖劉邦統一了天下。

　　劉邦建立漢朝後，

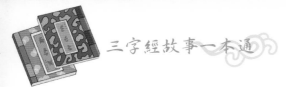
只重視武力，而輕視詩書。一天，陸賈對漢高祖說道：「過去的商湯和周文王文武並用，國家政權才得以長久。如果秦始皇不是焚書坑儒①，而是按聖賢的教誨來辦事，撿能取撈天下萍？雖然撿在馬上得到了天下，但卻不能在馬上治理國家啊！」劉邦聽後改變了態度，還讓陸賈結秦朝滅亡和許多國家成功和失敗的經驗教姦，寫成十二篇文瑩，每一篇都讓劉邦感歎不已，即是著名的《新語》。

注釋

①焚書坑儒：秦始皇三十四年，丞相李斯上言儒生是古非今，反對批評朝政、法令，建議除醫藥、卜筮等書外，一律燒毀，及談論詩書或以古非今者皆誅戮。次年，方士侯生、盧生等為始皇求不到仙藥，之後，因不滿始皇剛愎暴戾而逃亡，始皇大怒，於咸陽坑殺四百六十餘名儒生。

詩ㄕ書ㄕㄨ易ㄧˋ， 禮ㄌㄧˇ春ㄔㄨㄣ秋ㄑㄧㄡ。
號ㄏㄠˋ六ㄌㄧㄡˋ經ㄐㄧㄥ， 當ㄉㄤ講ㄐㄧㄤˇ求ㄑㄧㄡˊ。

譯 文

　　《詩ㄕ經ㄐㄧㄥ》、《尚ㄕㄤˋ書ㄕㄨ》、《易ㄧˋ經ㄐㄧㄥ》、《禮ㄌㄧˇ記ㄐㄧˋ》、《樂ㄩㄝˋ經ㄐㄧㄥ》、《春ㄔㄨㄣ秋ㄑㄧㄡ》合ㄏㄜˊ稱ㄔㄥ為ㄨㄟˋ六ㄌㄧㄡˋ經ㄐㄧㄥ，這ㄓㄜˋ是ㄕˋ中ㄓㄨㄥ國ㄍㄨㄛˊ古ㄍㄨˇ代ㄉㄞˋ儒ㄖㄨˊ家ㄐㄧㄚ的ㄉㄜ重ㄓㄨㄥˋ要ㄧㄠˋ經ㄐㄧㄥ典ㄉㄧㄢˇ。凡ㄈㄢˊ是ㄕˋ有ㄧㄡˇ志ㄓˋ於ㄩˊ讀ㄉㄨˊ書ㄕㄨ的ㄉㄜ人ㄖㄣˊ，都ㄉㄡ應ㄧㄥ當ㄉㄤ仔ㄗˇ細ㄒㄧˋ研ㄧㄢˊ究ㄐㄧㄡˋ其ㄑㄧˊ中ㄓㄨㄥ的ㄉㄜ道ㄉㄠˋ理ㄌㄧˇ。

故事

伏羲造八卦

　　傳說在遠古的時候，孟津河裡出現了一隻頭像龍、身子像馬、渾身鬃毛的怪獸，人們都叫牠「龍馬」。龍馬凶猛無比，牠到哪裡，哪裡就會洪水氾濫。伏羲決定冒著生命危險和龍馬搏鬥。誰知，凶殘的龍馬看到伏羲，頓時變得溫順善良。伏羲降服了龍馬，發現牠身上鬃毛的旋渦十分奇怪，便認為其中必有玄機①。當伏羲仔細觀察，終於總結出乾、兌、離、震、巽、坎、艮、坤八種卦象②，並且繪製了內含天地萬物之象的八卦圖，對後世產生了很大的影響。

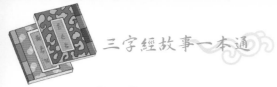

注釋

①玄機：高深玄妙的道理或契機。
②卦象：易經六十四卦所象徵的意義及其與爻位等關係。此指卜卦
　　所顯示的意義。

有連山， 有歸藏。
有周易， 三易詳。

譯文

　　《連山》、《歸藏》、《周易》，是我國古代三部書，這三部書合稱「三易」。「三易」是用「卦」的形式來說明宇宙間萬事萬物循環變化道理的書籍。

魏割地滅晉

晉國的智伯瑤向魏桓子索要土地，魏桓子心裡不想也不願意給。他的家臣①任章說：「

故　事

故　事

魏割地滅晉

晉國的智伯瑤向魏桓子索要土地，魏桓子心裡不想也不願意給。他的家臣①任章說：「

《尚書》上說『要想打敗他，就先暫時輔助他；如果想要奪取他，就必須暫時給予他。』智伯瑤無理索要土地，其他的大夫就一定會擔心。我們現在把土地給他，然後再聯合其他大夫去攻打他。」魏桓子聽了之後，覺得很有道理，就給智伯瑤一部分土地。智伯瑤得到土地還是不滿足，又去向趙襄子索要土地。趙襄子不給，他就去攻打趙襄子。這時候，魏桓子和趙襄子聯手裡應外合②，把智伯瑤給滅了。

注釋

①家臣：古代卿大夫家的屬吏。
②裡應外合：內外相互呼應配合。

有典謨，有訓誥。
有誓命，書之奧。

譯文

　　《尚書》的內容分六個部分：一典，是立國基本原則；二謨，即治國計畫；三訓，即大臣的態度；四誥，即國君的通告；五誓，即起兵的文告；六命，即國君命令。這些都是《尚書》中深奧內容之所在。

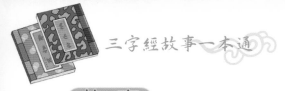
故 事

周公輔成王

周公是周文王的兒子，武王的弟弟。武王病逝後，周公開始盡心的輔佐年幼的成王。他對姜尚、召公等人說：「先王臨終前，曾經握著我的手囑咐我，讓我盡心的輔佐成王。現在天下初定，國家還需要穩定，我卻有太多的事情要做，而成王還小，我哪敢有什麼差錯①，耽誤國家大事啊！」姜尚等人見周公真的是一片忠肝義膽②，深受感動。

周公攝政七年後，國家鞏固，成王也漸漸長大。於是，他自覺的把朝政還給成王，以一個臣子的身分繼續盡心竭力

周公輔成王

的ㄉㄜ˙和ㄏㄢˊ召ㄕㄠˋ公ㄍㄨㄥ、姜ㄐㄧㄤ尚ㄕㄤˋ等ㄉㄥˇ人ㄖㄣˊ一ㄧˋ起ㄑㄧˇ輔ㄈㄨˇ佐ㄗㄨㄛˋ成ㄔㄥˊ王ㄨㄤˊ。

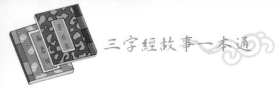

注 釋

①差錯：指閃失、判斷錯誤。
②忠肝義膽：赤膽忠心，見義勇為。

我ㄨㄛˇ 周ㄓㄡ 公ㄍㄨㄥ， 作ㄗㄨㄛˋ 周ㄓㄡ 禮ㄌㄧˇ。
著ㄓㄨˋ 六ㄌㄧㄡˋ 官ㄍㄨㄢ， 存ㄘㄨㄣˊ 治ㄓˋ 體ㄊㄧˇ。

譯 文

　　周ㄓㄡ 公ㄍㄨㄥ 制ㄓˋ 定ㄉㄧㄥˋ《周ㄓㄡ 禮ㄌㄧˇ》， 系ㄒㄧˋ 統ㄊㄨㄥˇ 的ㄉㄜ˙ 記ㄐㄧˋ 錄ㄌㄨˋ 了ㄌㄜ˙ 周ㄓㄡ 朝ㄔㄠˊ 的ㄉㄜ˙ 天ㄊㄧㄢ 官ㄍㄨㄢ、 地ㄉㄧˋ 官ㄍㄨㄢ、 春ㄔㄨㄣ 官ㄍㄨㄢ、 夏ㄒㄧㄚˋ 官ㄍㄨㄢ、 秋ㄑㄧㄡ 官ㄍㄨㄢ、 冬ㄉㄨㄥ 官ㄍㄨㄢ 等ㄉㄥˇ 政ㄓㄥˋ 治ㄓˋ 制ㄓˋ 度ㄉㄨˋ， 所ㄙㄨㄛˇ 以ㄧˇ《周ㄓㄡ 禮ㄌㄧˇ》 又ㄧㄡˋ 叫ㄐㄧㄠˋ《周ㄓㄡ 官ㄍㄨㄢ》， 因ㄧㄣ 此ㄘˇ 使ㄕˇ 周ㄓㄡ 朝ㄔㄠˊ 的ㄉㄜ˙ 政ㄓㄥˋ 治ㄓˋ 體ㄊㄧˇ 制ㄓˋ 得ㄉㄜ˙ 到ㄉㄠˋ 了ㄌㄜ˙ 保ㄅㄠˇ 存ㄘㄨㄣˊ 和ㄏㄜˊ 流ㄌㄧㄡˊ 傳ㄔㄨㄢˊ。

故事

曾子守禮易簀

《禮記‧檀弓上》裡講述了這樣一個故事：

一天，曾子生了重病，躺在床上。他的兒子曾元一直守候在床邊照料。這時，曾子的一個僕人恰好拿著蠟燭走進了房間。僕人看到主人的席子便說道：「這個席子既華美又光亮，是大夫用的吧？」曾子聽見僕人的話，十分驚訝，看了看，說道：「是的。我因為生病沒有更換它，你快扶我起來更換這張席子。」曾元說：「您的病情危重，不應該轉動身子，還是等到您的身體好些再說吧！」曾子說：「你怎麼還

不ㄅㄨˋ如ㄖㄨˊ這ㄓㄜˋ個ㄍㄜˋ僕ㄆㄨˊ人ㄖㄣˊ愛ㄞˋ護ㄏㄨˋ我ㄨㄛˇ呢ㄋㄜ˙？
我ㄨㄛˇ沒ㄇㄟˊ有ㄧㄡˇ別ㄅㄧㄝˊ的ㄉㄜ˙要ㄧㄠˋ求ㄑㄧㄡˊ，只ㄓˇ要ㄧㄠˋ能ㄋㄥˊ
合ㄏㄜˊ乎ㄏㄨ禮ㄌㄧˇ節ㄐㄧㄝˊ就ㄐㄧㄡˋ行ㄒㄧㄥˊ了ㄌㄜ˙。就ㄐㄧㄡˋ算ㄙㄨㄢˋ是ㄕˋ
我ㄨㄛˇ死ㄙˇ了ㄌㄜ˙，也ㄧㄝˇ死ㄙˇ而ㄦˊ無ㄨˊ憾ㄏㄢˋ。」

曾ㄗㄥ元ㄩㄢ只ㄓˇ好ㄏㄠˇ扶ㄈㄨ曾ㄗㄥ子ㄗˇ起ㄑㄧˇ來ㄌㄞˊ，　更ㄍㄥˋ換ㄏㄨㄢˋ席ㄒㄧˊ子ㄗˇ，　可ㄎㄜˇ是ㄕˋ曾ㄗㄥ子ㄗˇ剛ㄍㄤ回ㄏㄨㄟˊ到ㄉㄠˋ床ㄔㄨㄤˊ上ㄕㄤˋ，　還ㄏㄞˊ沒ㄇㄟˊ有ㄧㄡˇ躺ㄊㄤˇ好ㄏㄠˇ就ㄐㄧㄡˋ死ㄙˇ了ㄌㄜ。

大ㄉㄚˋ小ㄒㄧㄠˇ戴ㄉㄞˋ，　注ㄓㄨˋ禮ㄌㄧˇ記ㄐㄧˋ。
述ㄕㄨˋ聖ㄕㄥˋ言ㄧㄢˊ，　禮ㄌㄧˇ樂ㄩㄝˋ備ㄅㄟˋ。

譯　文

　　　　漢ㄏㄢˋ朝ㄔㄠˊ有ㄧㄡˇ兩ㄌㄧㄤˇ位ㄨㄟˋ著ㄓㄨˋ名ㄇㄧㄥˊ的ㄉㄜ儒ㄖㄨˊ者ㄓㄜˇ戴ㄉㄞˋ德ㄉㄜˊ和ㄏㄢˋ戴ㄉㄞˋ聖ㄕㄥˋ，　他ㄊㄚ們ㄇㄣ把ㄅㄚˇ孔ㄎㄨㄥˇ子ㄗˇ等ㄉㄥˇ聖ㄕㄥˋ賢ㄒㄧㄢˊ闡ㄔㄢˇ述ㄕㄨˋ制ㄓˋ禮ㄌㄧˇ作ㄗㄨㄛˋ樂ㄩㄝˋ的ㄉㄜ言ㄧㄢˊ論ㄌㄨㄣˋ編ㄅㄧㄢ輯ㄐㄧˊ成ㄔㄥˊ《禮ㄌㄧˇ記ㄐㄧˋ》。　其ㄑㄧˊ中ㄓㄨㄥ大ㄉㄚˋ量ㄌㄧㄤˋ的ㄉㄜ保ㄅㄠˇ存ㄘㄨㄣˊ了ㄌㄜ古ㄍㄨˇ聖ㄕㄥˋ先ㄒㄧㄢ賢ㄒㄧㄢˊ的ㄉㄜ言ㄧㄢˊ論ㄌㄨㄣˋ以ㄧˇ及ㄐㄧˊ各ㄍㄜˋ種ㄓㄨㄥˇ禮ㄌㄧˇ節ㄐㄧㄝˊ、五ㄨˇ分ㄈㄣ十ㄕˊ二ㄦˋ律ㄌㄩˋ等ㄉㄥˇ內ㄋㄟˋ容ㄖㄨㄥˊ，　使ㄕˇ得ㄉㄜ古ㄍㄨˇ代ㄉㄞˋ的ㄉㄜ禮ㄌㄧˇ樂ㄩㄝˋ制ㄓˋ度ㄉㄨˋ完ㄨㄢˊ整ㄓㄥˇ的ㄉㄜ保ㄅㄠˇ存ㄘㄨㄣˊ下ㄒㄧㄚˋ來ㄌㄞˊ。

三字經故事一本通

故　事

碩鼠貪得無厭

　　《碩鼠》出自《詩經‧國風‧魏風》，裡面講了這樣一個故事：

　　從前，有隻老鼠經常偷吃一戶人家的糧食，長得又肥又大。沒多久，這隻大老鼠又引來了一群小老鼠，在這戶人家裡生殖繁衍①，結果老鼠越來越多，平時白天睡大覺，晚上出來偷吃這家人的糧食。這個窮苦的人家，每天辛辛苦苦的耕地，到頭來糧食卻全被老鼠們給吃了，最後自己得挨餓。

　　就這樣過了三年，眼見家裡的老鼠越來越多，糧食卻越來越少，這家人實在沒有辦法

126

了，只好離開自己的家，到別的地方去謀生。

這個故事裡，人們其實是用貪吃的老鼠來諷刺②那些貪得無厭的統治者，自己不勞作，只靠壓榨百姓來生活。

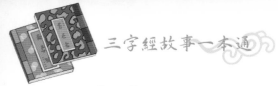
注釋

①繁衍：因繁殖而逐漸增多或增廣。
②諷刺：以隱微的方式嘲諷譏刺。

曰國風， 曰雅頌。
號四詩， 當諷詠。

譯文

　　《國風》、《大雅》、《小雅》、《頌》是《詩經》中的四種不同體裁的詩，合稱為「四詩」。《詩經》中的詩歌記載先民生活的著作，內容豐富、感情深切，實在是值得我們去朗誦詠讀。

故事

春秋一字褒貶

　　西周末年，周幽王因貪戀女色而導致國家的滅亡。周平王遷都洛陽，中國歷史從此進入了諸侯紛爭的春秋時期。

　　這時候，周天子的權威一落千丈①，社會動盪不安②。在這種情況下，孔子編寫《春秋》一書。這部書在當時產生了很大的

影響，再加上孔子的名聲，以至於當時的士大夫都認為，只要能得到《春秋》裡一個字的讚揚，要勝過天子的讚揚；而受到《春秋》裡一個字的批評時，這所受到的恥辱要超過殺頭。

　　孔子知道了這種情況後，不由得感嘆說：「喜歡我的人是因為《春秋》，恨我的人也是因為《春秋》啊！」

注釋

①一落千丈：泛指業務、成績、地位、聲望等急遽下降。
②動盪不安：不安定、不平靜。

詩既亡，春秋作。
寓褒貶，別善惡。

譯 文

　　《詩經》中的詩歌在流傳的過程中佚失①了不少，於是孔子編寫了《春秋》這部書，用來褒揚善行好事，貶抑惡行壞事，希望能藉此提醒世人分辨忠奸善惡。

注 釋

①佚失：散失。

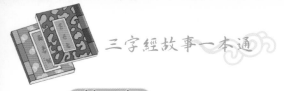

故事

重耳退避三舍

　　春秋時期，晉國公子重耳被人追殺，逃到楚國。楚成王認為重耳日後必有大作為，便待他如上賓①。一天酒宴上，楚王問重耳道：「你若有一天回晉國當上國君，該怎麼報答我呢？」重耳略一思索說：「若果真能回國當政的話，我願與貴國友好。如果有一天，晉楚交戰，我一定命令軍隊先退避三舍（一舍等於三十里）。」四年後，重耳真的回到晉國當了國君，也就是晉文公。

　　公元前六三三年，楚晉軍隊作戰。晉文公實現了他的諾言，下令軍隊後退九十里。楚

軍見晉軍後退，以為對方害怕了，馬上追擊。晉軍利用楚軍驕傲輕敵，取得了城濮之戰的勝利。

注釋

①上賓：貴賓，被重視的客人。

三傳者，　有公羊，
有左氏，　有穀梁。

譯文

　　三傳，就是由公羊高所著的《公羊傳》、左丘明所著的《左傳》和穀梁赤所著的《穀梁傳》，都是解釋《春秋》的書。

故事

劉羽沖抑鬱而死

古時有一個叫劉羽沖的讀書人，非常相信古書上的學問。

有一次，劉羽沖偶然得到一部古代的兵書，他如獲至寶①，在家中研究了一年，便自稱可以統率十萬大軍。恰巧這時有人造反②，劉羽沖便訓練了一隊鄉兵前往鎮壓，結果

全軍潰敗③，他本人也差點被俘。

後來劉羽沖又得到一部古代的水利典籍。讀了一年，他又稱可以把千里荒土改造成良田。州官讓他在一個村莊裡試驗，結果溝渠剛挖成，天下大雨，洪水順著渠道灌入村莊，村裡的人險些被淹死。

從此劉羽沖悶悶不樂，千百遍的搖頭自語：「古人怎麼能說謊呢？」不久他就抑鬱病死。

注釋

①如獲至寶：好像得到最珍貴的寶物。比喻喜出望外。
②造反：叛亂。
③潰敗：戰敗。

經既明，方讀子。
撮其要，記其事。

譯文

　　四書和六經的要旨都明白後，才能讀諸子百家的書。但由於諸子百家的書籍太多，只要懂得歸納重點，選取其中有幫助的精華來讀，並要牢記每件事的本末因果。

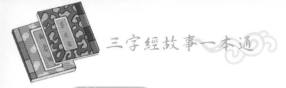

故事

莊子寧做自由龜

　　楚王想要請莊子協助他治理國家，便派了兩位大夫去請他。

　　這一天，莊子正在湖邊垂釣。大夫對莊子說：「楚王久聞先生的大名，希望先生能幫助處理國事。上為君王分憂，下為黎民①謀福。」莊子手拿著魚竿，完全不理會，只是淡淡的說：「我聽說，楚國有一隻神龜，被殺死時已三千歲了。楚王把牠珍藏在竹箱裡，給牠蓋上錦緞，供奉在廟堂②之上。請問兩位大夫，這隻神龜是願意死了放在那裡被供奉呢？還是牠願意活著在泥水之中潛行

呢ㄋㄜ？　」大ㄉㄚ夫ㄈㄨ回ㄏㄨㄟ答ㄉㄚ道ㄉㄠ：　「　當ㄉㄤ然ㄖㄢ是ㄕ
願ㄩㄢ意ㄧ活ㄏㄨㄛ著ㄓㄜ在ㄗㄞ泥ㄋㄧ水ㄕㄨㄟ之ㄓ中ㄓㄨㄥ搖ㄧㄠ尾ㄨㄟ而ㄦ行ㄒㄧㄥ
啦ㄌㄚ！　」莊ㄓㄨㄤ子ㄗ說ㄕㄨㄛ：　「　兩ㄌㄧㄤ位ㄨㄟ大ㄉㄚ夫ㄈㄨ請ㄑㄧㄥ
回ㄏㄨㄟ去ㄑㄩ吧ㄅㄚ！　我ㄨㄛ也ㄧㄝ願ㄩㄢ在ㄗㄞ泥ㄋㄧ水ㄕㄨㄟ中ㄓㄨㄥ搖ㄧㄠ著ㄓㄜ
尾ㄨㄟ巴ㄅㄚ游ㄧㄡ來ㄌㄞ游ㄧㄡ去ㄑㄩ啊ㄚ！　　」

注釋

①黎民：百姓。
②廟堂：宗廟。

五ㄨˇ子ㄗˇ者ㄓㄜˇ， 有ㄧㄡˇ荀ㄒㄩㄣˊ揚ㄧㄤˊ。
文ㄨㄣˊ中ㄓㄨㄥ子ㄗˇ， 及ㄐㄧˊ老ㄌㄠˇ莊ㄓㄨㄤ。

譯 文

　　諸ㄓㄨ子ㄗˇ百ㄅㄞˇ家ㄐㄧㄚ中ㄓㄨㄥ有ㄧㄡˇ五ㄨˇ家ㄐㄧㄚ的ㄉㄜ書ㄕㄨ不ㄅㄨˋ可ㄎㄜˇ不ㄅㄨˋ讀ㄉㄨˊ， 分ㄈㄣ別ㄅㄧㄝˊ是ㄕˋ荀ㄒㄩㄣˊ子ㄗˇ、 揚ㄧㄤˊ子ㄗˇ（揚ㄧㄤˊ雄ㄒㄩㄥˊ）、 文ㄨㄣˊ中ㄓㄨㄥ子ㄗˇ（王ㄨㄤˊ通ㄊㄨㄥ）、 老ㄌㄠˇ子ㄗˇ及ㄐㄧˊ莊ㄓㄨㄤ子ㄗˇ。 他ㄊㄚ們ㄇㄣ所ㄙㄨㄛˇ寫ㄒㄧㄝˇ的ㄉㄜ書ㄕㄨ， 便ㄅㄧㄢˋ稱ㄔㄥ為ㄨㄟˊ子ㄗˇ書ㄕㄨ。

故事

司馬遷發憤著史

　　正當司馬遷專心致志寫作《史記》的時候，一場飛來橫禍①突然降臨到他頭上。原來，司馬遷因為替敗軍之將李陵說了幾句辯解的話，而觸怒了漢武帝，漢武帝將他投入監牢，並施以酷刑。

　　司馬遷悲憤交加，幾次想血濺牆頭，了此殘生。但想到《史記》還沒完成，

便打消了這個念頭。於是司馬遷盡力克制自己，把個人的恥辱、痛苦全都埋在心底，重新攤開光潔平滑的竹簡，在上面寫下了一行行工整的隸字。

就這樣，司馬遷因此發憤寫作，用了整整十八年時間，在他六十歲的時候，終於完成這部五十二萬字的輝煌巨著《史記》，為後代留下了千古不朽②的精神寶藏和文化寶藏。

注釋

①飛來橫禍：突然降臨的意外災害。
②千古不朽：永遠流傳而不磨滅。

經子通，　讀諸史。
考世系，　知終始。

譯　文

經書和子書都讀熟後，就可以開始研讀各種史書了。史書是記載一國興亡的事，要從中考察歷代王朝傳承的世系，明白各國政治上的利弊得失和治亂興亡的原因，才能從歷史中吸取教訓。

故事

黃帝大敗蚩尤

黃帝是古代傳說中最有名的一個部落首領。這時候，蚩尤族人十分強悍。傳說蚩尤有八十一個兄弟，全是猛獸的身體，凶猛無比，還製造各種各樣的兵器，經常帶領著本部落侵奪別的部落。於是黃帝聯合各部落，在涿鹿的田野上和蚩尤展開了一場決戰。據說黃帝平時馴養了熊、虎等六種野獸，在打仗的時候，就把這些猛獸放出來助戰。

蚩尤的兵士雖然凶猛，一遇到黃帝的軍隊，加上這群猛虎凶獸，也抵擋不住，紛紛敗逃。

從此，黃帝受到了許多部落的擁護，逐漸成了中原地區的部落聯盟首領。

自羲農，　至黃帝。
號三皇，　居上世。

譯　文

上古時代，有伏羲氏、神農氏、黃帝，這三位君主能都勤政愛民，非常偉大，後人尊稱他們為「三皇」，是上古時期中華民族著名的領袖人物。

堯ㄧㄠˊ禪ㄕㄢˋ讓ㄖㄤˋ帝ㄉㄧˋ位ㄨㄟˋ

傳ㄔㄨㄢˊ說ㄕㄨㄛ黃ㄏㄨㄤˊ帝ㄉㄧˋ以ㄧˇ後ㄏㄡˋ，有ㄧㄡˇ一ㄧˊ個ㄍㄜˋ部ㄅㄨˋ落ㄌㄨㄛˋ。很ㄏㄣˇ出ㄔㄨ名ㄇㄧㄥˊ的ㄉㄜˊ堯ㄧㄠˊ時ㄕˊ候ㄏㄡˋ，關ㄍㄨㄢ首ㄕㄡˇ領ㄌㄧㄥˇ唐ㄊㄤˊ的ㄉㄜˊ民ㄇㄧㄣˊ情ㄑㄧㄥˊ，心ㄒㄧㄣ在ㄗㄞˋ位ㄨㄟˋ的ㄉㄜˊ姓ㄒㄧㄥˋ眾ㄓㄨㄥˋ人ㄖㄣˊ的ㄉㄜ，體ㄊㄧˇ察ㄔㄚˊ百ㄅㄞˇ後ㄏㄡˋ來ㄌㄞˊ，心ㄒㄧㄣ疾ㄐㄧˊ苦ㄎㄨˇ。老ㄌㄠˇ了ㄌㄜ，堯ㄧㄠˊ年ㄋㄧㄢˊ紀ㄐㄧˋ想ㄒㄧㄤˇ要ㄧㄠˋ找ㄓㄠˇ一ㄧˊ個ㄍㄜˋ人ㄖㄣˊ來ㄌㄞˊ繼ㄐㄧˋ承ㄔㄥˊ他ㄊㄚ的ㄉㄜ職ㄓˊ位ㄨㄟˋ。

有ㄧㄡˇ一ㄧˊ次ㄘˋ，他ㄊㄚ召ㄓㄠˋ集ㄐㄧˊ四ㄙˋ方ㄈㄤ部ㄅㄨˋ落ㄌㄨㄛˋ首ㄕㄡˇ領ㄌㄧㄥˇ來ㄌㄞˊ商ㄕㄤ議ㄧˋ。堯ㄧㄠˊ說ㄕㄨㄛ出ㄔㄨ他ㄊㄚ的ㄉㄜ打ㄉㄚˇ算ㄙㄨㄢˋ後ㄏㄡˋ，有ㄧㄡˇ人ㄖㄣˊ說ㄕㄨㄛ：「你ㄋㄧˇ的ㄉㄜ兒ㄦˊ子ㄗˇ繼ㄐㄧˋ承ㄔㄥˊ你ㄋㄧˇ的ㄉㄜ位ㄨㄟˋ子ㄗˇ很ㄏㄣˇ合ㄏㄜˊ適ㄕˋ。」堯ㄧㄠˊ嚴ㄧㄢˊ肅ㄙㄨˋ的ㄉㄜ

說道：「不行，這小子品德不好，專愛跟人爭吵。」後來大家一致推薦舜。堯經過考察，認為舜的確是個品德好又能幹的人，就把首領的位子讓給了舜。這種讓位，後來稱為「禪讓」。

舜接位後，勤勞又儉樸，得到了大家的信任。

唐有虞，　號二帝。
相揖遜，　稱盛世。

譯　文

黃帝之後，唐堯和虞舜合稱為「二帝」。堯把帝位傳給了才德兼備的舜，在兩位帝王的治理下，天下太平，造就了一番太平盛世，人人稱頌。

故事

大禹治水

堯在位的時候，黃河流域發生了很大的水災，莊稼被淹沒，房子被摧毀，老百姓只好往高處搬。

舜任命禹治理水害。禹接受了治水任務後便發誓：不戰勝洪水絕不進家門。當時，禹結婚才四天，可是為了天下蒼生①，他毫不猶豫的告別妻子，前往發生水患的地區。

禹總結父親治水失敗的教訓，疏通江河，因勢利導②的治理水患。很快的，他組織一支上萬人的治水大軍，禹帶領著他們開溝挖渠，日夜苦幹。

禹曾先後三次路過家門，

三字經故事一本通

大禹治水

卻都沒有進去。經過十三年的奮鬥，終於克服了水患。而安居樂業的百姓為了感激禹的功勞，尊稱他為「大禹」。舜年老以後，禹繼任了部落聯盟首領。

夏有禹，商有湯。
周文武，稱三王。

譯文

夏的開國君主是禹，商的開國君主是湯，而周的開國君主是文王和武王，這三個德才兼備的君王被後人稱之為「三王」。

故事

少康中興

夏禹的兒子啟死之後，啟的兒子太康即位。太康是昏庸①的君主，不管政事，專愛打獵。

那時候，黃河下游有個部落首領名叫后羿，野心勃勃，想奪取夏王的王位。他趁著太康到洛水南岸打獵，親自帶兵守在洛水北岸，攔住太康的歸路。

太康沒有辦法，只好在洛水南岸過起了流亡②的生活。后羿奪了夏朝的王位也作威作福③起來。後來，他的親信寒浞派人殺了后羿，奪了王位。寒浞最後被太康的後代少康殺死，夏朝的王位又回到了少康的手裡。

少康復國後勤於政事，講究信用。在他的治理下，天下安定，夏朝再度興盛，史稱「少康中興」。

注釋

①昏庸：指國君昏昧平庸。
②流亡：離開固定的住所到處逃亡。
②作威作福：藉著權勢來欺壓別人。

夏傳子，家天下。
四百載，遷夏社。

譯文

夏禹把帝位傳給兒子啟，中國從此開始了家天下①的王位繼承制度。經過四百多年，夏被商湯滅掉，結束了夏朝的統治。

注釋

①家天下：帝王將國家視為自己的私產，世代相傳。

故事

商湯滅夏

　　夏朝末年，　黃河下游有個部落叫商，　首領叫做湯。　夏朝最後一個國君叫做桀，　是個出名的暴君。　他殘酷壓迫人民，大興土木，　過著荒淫奢侈的生活。

　　商湯看到夏桀十分腐敗，決心消滅夏朝。　商湯表面上對桀服從，　暗地裡不斷擴大自己的勢力。　越來越多的部落忍受不了夏桀的壓榨勒索，　逐漸叛離①他。

　　商湯見時機成熟，　決定大舉進攻。　湯說道：「我不是敢進行叛亂，　實在是夏桀作惡多端②，　上天的意旨要我消滅他，

我不敢不聽從天命啊！」最終夏桀的軍隊被湯打敗了，夏朝被商朝取代。

注釋

①叛離：叛亂背離。
②作惡多端：形容壞事做盡。

湯ㄊㄤ 伐ㄈㄚ 夏ㄒㄧㄚ， 國ㄍㄨㄛ 號ㄏㄠ 商ㄕㄤ 。
六ㄌㄧㄡ 百ㄅㄞ 載ㄗㄞ， 至ㄓ 紂ㄓㄡ 亡ㄨㄤ 。

故 事

　　夏ㄒㄧㄚ 桀ㄐㄧㄝ 在ㄗㄞ 位ㄨㄟ 時ㄕ 因ㄧㄣ 為ㄨㄟ 暴ㄅㄠ 虐ㄋㄩㄝ 無ㄨ 道ㄉㄠ
①， 成ㄔㄥ 湯ㄊㄤ 起ㄑㄧ 兵ㄅㄧㄥ 討ㄊㄠ 伐ㄈㄚ， 建ㄐㄧㄢ 立ㄌㄧ 了ㄌㄜ 新ㄒㄧㄣ 王ㄨㄤ
朝ㄔㄠ， 國ㄍㄨㄛ 號ㄏㄠ 商ㄕㄤ 。 傳ㄔㄨㄢ 了ㄌㄜ 六ㄌㄧㄡ 百ㄅㄞ 多ㄉㄨㄛ 年ㄋㄧㄢ，
到ㄉㄠ 紂ㄓㄡ 王ㄨㄤ 時ㄕ 商ㄕㄤ 朝ㄔㄠ 滅ㄇㄧㄝ 亡ㄨㄤ 。

注 釋

①暴虐無道：所做所為殘暴狠毒，喪盡天良。

故 事

周ㄓㄡ武ㄨˇ王ㄨㄤˊ滅ㄇㄧㄝˋ紂ㄓㄡˋ

　　商ㄕㄤ朝ㄔㄠˊ的ㄉㄜ˙最ㄗㄨㄟˋ後ㄏㄡˋ一ㄧ個ㄍㄜˋ君ㄐㄩㄣ王ㄨㄤˊ是ㄕˋ紂ㄓㄡˋ王ㄨㄤˊ。他ㄊㄚ終ㄓㄨㄥ日ㄖˋ飲ㄧㄣˇ酒ㄐㄧㄡˇ作ㄗㄨㄛˋ樂ㄌㄜˋ，不ㄅㄨˋ理ㄌㄧˇ朝ㄔㄠˊ政ㄓㄥˋ。這ㄓㄜˋ時ㄕˊ候ㄏㄡˋ，周ㄓㄡ部ㄅㄨˋ落ㄌㄨㄛˋ正ㄓㄥˋ日ㄖˋ漸ㄐㄧㄢˋ興ㄒㄧㄥ盛ㄕㄥˋ。有ㄧㄡˇ一ㄧ天ㄊㄧㄢ，周ㄓㄡ文ㄨㄣˊ王ㄨㄤˊ坐ㄗㄨㄛˋ著ㄓㄜ˙車ㄔㄜ去ㄑㄩˋ打ㄉㄚˇ獵ㄌㄧㄝˋ。在ㄗㄞˋ渭ㄨㄟˋ水ㄕㄨㄟˇ邊ㄅㄧㄢ，他ㄊㄚ看ㄎㄢˋ見ㄐㄧㄢˋ一ㄧ個ㄍㄜˋ老ㄌㄠˇ頭ㄊㄡˊ子ㄗˇ在ㄗㄞˋ河ㄏㄜˊ岸ㄢˋ上ㄕㄤˋ坐ㄗㄨㄛˋ著ㄓㄜ˙釣ㄉㄧㄠˋ魚ㄩˊ。大ㄉㄚˋ隊ㄉㄨㄟˋ人ㄖㄣˊ馬ㄇㄚˇ過ㄍㄨㄛˋ去ㄑㄩˋ，那ㄋㄚˋ個ㄍㄜˋ老ㄌㄠˇ頭ㄊㄡˊ子ㄗˇ只ㄓˇ當ㄉㄤ沒ㄇㄟˊ看ㄎㄢˋ見ㄐㄧㄢˋ，還ㄏㄞˊ是ㄕˋ安ㄢ安ㄢ靜ㄐㄧㄥˋ靜ㄐㄧㄥˋ釣ㄉㄧㄠˋ他ㄊㄚ的ㄉㄜ˙魚ㄩˊ。原ㄩㄢˊ來ㄌㄞˊ，這ㄓㄜˋ位ㄨㄟˋ老ㄌㄠˇ者ㄓㄜˇ就ㄐㄧㄡˋ是ㄕˋ精ㄐㄧㄥ通ㄊㄨㄥ兵ㄅㄧㄥ法ㄈㄚˇ的ㄉㄜ˙姜ㄐㄧㄤ太ㄊㄞˋ公ㄍㄨㄥ。

　　周ㄓㄡ文ㄨㄣˊ王ㄨㄤˊ得ㄉㄜˊ到ㄉㄠˋ了ㄌㄜ˙姜ㄐㄧㄤ太ㄊㄞˋ公ㄍㄨㄥ的ㄉㄜ˙幫ㄅㄤ助ㄓㄨˋ，如ㄖㄨˊ虎ㄏㄨˇ添ㄊㄧㄢ翼ㄧˋ①，使ㄕˇ周ㄓㄡ的ㄉㄜ˙勢ㄕˋ力ㄌㄧˋ範ㄈㄢˋ圍ㄨㄟˊ一ㄧ直ㄓˊ蔓ㄇㄢˋ延ㄧㄢˊ到ㄉㄠˋ商ㄕㄤ的ㄉㄜ˙周ㄓㄡ邊ㄅㄧㄢ。

　　後ㄏㄡˋ來ㄌㄞˊ周ㄓㄡ文ㄨㄣˊ王ㄨㄤˊ死ㄙˇ去ㄑㄩˋ，他ㄊㄚ的ㄉㄜ˙兒ㄦˊ子ㄗˇ武ㄨˇ王ㄨㄤˊ即ㄐㄧˊ位ㄨㄟˋ。武ㄨˇ王ㄨㄤˊ親ㄑㄧㄣ自ㄗˋ率ㄕㄨㄞˋ軍ㄐㄩㄣ攻ㄍㄨㄥ破ㄆㄛˋ商ㄕㄤ的ㄉㄜ˙都ㄉㄨ城ㄔㄥˊ朝ㄓㄠ歌ㄍㄜ。商ㄕㄤ紂ㄓㄡˋ王ㄨㄤˊ見ㄐㄧㄢˋ自ㄗˋ

已無路可逃，便點火自焚。至
此商朝滅亡，而周武王登上王
位，建立了周朝。

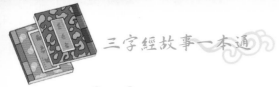

三字經故事一本通

注 釋

①如虎添翼：比喻聲勢日益壯大。

周ㄓㄡ 武ㄨˇ 王ㄨㄤˊ， 始ㄕˇ 誅ㄓㄨ 紂ㄓㄡˋ。
八ㄅㄚ 百ㄅㄞˇ 載ㄗㄞˇ， 最ㄗㄨㄟˋ 長ㄔㄤˊ 久ㄐㄧㄡˇ。

譯 文

　　周ㄓㄡ武ㄨˇ王ㄨㄤˊ因ㄧㄣ紂ㄓㄡˋ王ㄨㄤˊ荒ㄏㄨㄤ淫ㄧㄣˊ無ㄨˊ道ㄉㄠˋ，聯ㄌㄧㄢˊ合ㄏㄜˊ諸ㄓㄨ侯ㄏㄡˊ討ㄊㄠˇ伐ㄈㄚˊ紂ㄓㄡˋ王ㄨㄤˊ，而ㄦˊ建ㄐㄧㄢˋ立ㄌㄧˋ周ㄓㄡ朝ㄔㄠˊ。周ㄓㄡ朝ㄔㄠˊ傳ㄔㄨㄢˊ了ㄌㄜ八ㄅㄚ百ㄅㄞˇ多ㄉㄨㄛ年ㄋㄧㄢˊ，是ㄕˋ我ㄨㄛˇ國ㄍㄨㄛˊ歷ㄌㄧˋ史ㄕˇ上ㄕㄤˋ年ㄋㄧㄢˊ代ㄉㄞˋ最ㄗㄨㄟˋ長ㄔㄤˊ久ㄐㄧㄡˇ的ㄉㄜ王ㄨㄤˊ朝ㄔㄠˊ。

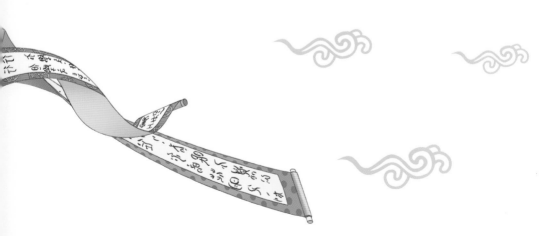

故事

周幽王烽火戲諸侯

　　周幽王是個好色昏庸的國君，整天和美人褒姒在一起，從不過問國事。為了博得美人一笑，周幽王帶著褒姒到驪山烽火臺，讓士兵點燃烽火。烽火一個接一個的點燃，諸侯們以為國都受到進攻，紛紛率軍前來救援。可是當他們趕到驪山下時，才知道自己被國王愚弄了。褒姒看到諸侯們一臉的狼狽相，忍不住笑了。

　　過了不久，真的有敵人來了，周幽王下令點燃烽火，可是沒有一個諸侯前來救援。結果，周的都城被犬戎攻破，西周就這樣滅亡了。周平王即位

後，將都城遷到洛陽，史稱「東周」。

注釋

①烽火：指古時軍隊用來示警、傳遞軍情的煙火。

周轍東，王綱墜。
逞干戈，尚遊說。

譯文

周平王把國都從鎬京遷到洛陽之後，對諸侯的控制力越來越弱，周王朝的統治也逐漸崩潰了。各諸侯國之間戰爭頻繁，天下變得紛亂不堪。一些謀士周遊列國擔任說客，謀取功名，在各國之間進行遊說，從此兵連禍結①，天下蒼生不得安寧。

注釋

①兵連禍結：接連用兵，戰禍不絕。

三字經故事一本通

故　事

楚莊王一鳴驚人

　　楚莊王剛登上王位時，不理國事，白天打獵，晚上喝酒，就這樣過了三年。

　　大臣伍舉看不過去，就去見楚莊王。伍舉說：「有人讓我猜個謎，我猜不著。請大王猜猜吧！」楚莊王聽說要他猜謎，覺得有意思，就

164

笑著說：「你說出來聽聽。」

伍舉說：「楚國山上，有一隻大鳥，身披五彩，樣子神氣。可是一停三年，不飛也不叫，這是什麼鳥？」楚莊王心裡明白伍舉說的是誰。他說：「這可不是普通的鳥。這種鳥，不鳴則已，一鳴驚人[1]。你去吧！我已經明白了。」

從此，楚莊王改革政治，最終成為了春秋時期的霸主。

注釋

①不鳴則已，一鳴驚人：比喻人平時沒有特殊表現、默默無聞，一旦施展才華，即能做出非凡的成果。

始春秋，終戰國。
五霸強，七雄出。

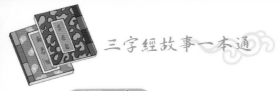

譯 文

　　東周分為兩個階段：一是春秋時期、一是戰國時期。春秋時的齊桓公、宋襄公、晉文公、秦穆公和楚莊王號稱為五霸。而戰國的七雄分別為齊、楚、燕、韓、趙、魏、秦。

秦始皇統一中國

　　秦王嬴政兼併了六國，結束戰國割據①的局面，統一了中國。他覺得自己的功績比古代傳說中的三皇五帝還要大，便自稱是始皇帝。

　　秦始皇在全國設立郡縣，實行中央集權，還統一文字和度量衡②。又為了防禦匈奴的侵犯，秦始皇又把原來燕、趙、秦三國北方的城牆連接起來，同時新造了不少城牆。這樣從西面的臨洮到東面的遼東連成一條萬里長城。這座舉世聞名的古建築，成為中華民族古老悠久文明的象徵。

注釋

①割據：分割占據一方土地，形成分裂的局面。
②度量衡：度為量長短的標準，量為計體積的標準，衡為計輕重的標準。度量衡指衡量的標準。

嬴秦氏，　始兼併。
傳二世，　楚漢爭。

譯文

　　戰國末年，秦國的勢力日漸強大，兼併六國的領土，統一天下。但秦國只傳了兩代，到第二代胡亥時，天下又開始大亂，最後，形成西楚霸王項羽和漢王劉邦興兵爭天下的局面。

三字經故事一本通

故 事

王莽篡權

　　漢平帝九歲即位，國家大事由大司馬①王莽做主。

　　公元二年，在中原發生了旱災和蝗災，王莽建議公家節約糧食和布帛。而他自己先拿出一百萬錢，當作救濟災民的費用，百姓都覺得他是個大好人。

　　這天，大臣們給漢平帝祝壽時，王莽親自的獻上一杯毒酒。漢平帝沒有懷疑，接過來喝了。漢平帝死後，王莽還假惺惺②哭了一場。有些文武官員勸王莽做皇帝，於是，有一批吹捧的人紛紛製造出許多迷信的事情來騙人，說「王莽是真

170

命天子」。

　　在公元八年，王莽篡位③稱帝，改國號叫做「新」，都城仍在長安。從漢高祖稱帝開始的西漢王朝，到這時候就結束了。

三字經故事一本通

注　釋

①大司馬：司馬，官名。西周設置，掌軍政，兼掌制賦、教軍旅等，是治軍的最高長官；漢武帝改設大司馬，後世也常以大司馬稱兵部尚書。
②假惺惺：虛情假意。
③篡位：以不正當的手段奪取王位。

高祖興，　漢業建。
至孝平，　王莽篡。

譯　文

　　漢高祖劉邦打敗項羽後，建立漢朝，傳了兩百多年，到第十一代孝平帝時，被王莽奪取了帝位。

故事

王莽昆陽失勢

　　王莽的統治使人民生活痛苦不堪，各地不斷爆發農民起義①，其中最有影響的是山東的赤眉軍和湖北的綠林軍。公元二十三年，爆發了綠林軍和王莽軍隊的昆陽大戰。

　　王莽聽說綠林軍起義已經攻破昆陽，坐立不安，立即派大將王尋、王邑率領四十三萬人馬直奔昆陽。也為了虛張聲勢②，王莽軍不知從哪兒找了個巨人，名叫巨無霸。他個子特別高，身體像牛一樣粗壯，還馴養了一批老虎、豹、犀牛、大象等猛獸。

　　昆陽城裡的綠林軍一看到

巨無霸帶著猛獸上陣，都有些害怕，而城裡的守軍只有八、九千人，如何能對付得了王莽軍的四十三萬人馬。於是有的人主張放棄昆陽，退回原來起義軍的據點。

可是劉秀卻持著不同的意見，說道：「如果我們不戰而退，必定會使我軍的士氣大大減弱，即使我們退到別的地方去，還是一樣會遇到王莽的軍隊，我們不可能一直退守，所以必須敢於迎擊敵人。」

大家聽了劉秀所說的話都覺得有理，便決定由王鳳、王常駐守昆陽，由劉秀突圍出城，到附近去搬救兵。

當晚，劉秀率領十二名勇士，趁著王

莽的軍隊沒有防備時，衝出重圍。

王莽的軍隊製造了一座座十多丈高的樓車③，在樓車上不斷的向城裡射箭，箭像雨點一樣向城裡不斷的射了進來。

這時候，劉秀帶著救兵趕到。他領著三千名勇士，向王莽軍衝殺過去。昆陽城裡的綠林軍一見援軍到了，立即打開城門衝了出來，王莽的軍隊受到夾攻，全都荒了神，四下逃竄。

當王莽的大將王邑逃回洛陽的時候，起初的四十三萬大軍只剩下了幾千人。

昆陽大戰消滅了王莽的主力，也鼓舞了各地百姓紛紛響應綠林軍。不久，綠林軍攻進長安城，推翻了王莽的統治。

注釋

①起義：為正義而戰。多用以指聚眾反抗。
②虛張聲勢：假裝擴大勢力，以嚇唬他人。
③樓車：古代攻城的用具。形似雲梯，上設有望樓，可以下瞰敵
　情。

光武興，　為東漢。
四百年，　終於獻。

譯　文

　　漢光武帝劉秀，推翻了王莽，復興漢室，稱為東漢。兩漢共傳了四百多年，到漢獻帝時，漢朝滅亡。

故事

劉備三顧茅廬

　　東漢末年，諸葛亮居住在隆中的茅廬裡。劉備聽說諸葛亮是個奇才，就同關羽、張飛一起去請他出山①幫助自己打天下。可是諸葛亮不在家，劉備只好快快不樂②的回去。隔了幾天，劉備打聽到諸葛亮已經回來了，又冒著風雪前去。哪知諸葛亮又出門了，讓劉備又空走一趟。而當劉備第三次去隆中，終於見到了諸葛亮。交談中，諸葛亮對於天下形勢做了非常精闢的分析，劉備十分佩服。劉備的「三顧茅廬」，使諸葛亮非常感動，答應出山相助。劉備尊諸葛亮為軍師，對

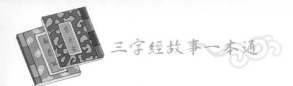

關羽、張飛說道：「我有了孔明，就像魚有了水一樣啊！」諸葛亮初出茅廬③，就幫劉備打了不少勝仗，為劉備奠定了蜀漢的國基。

注釋

①出山：修行人離開山中的住處，到平地來。比喻出來做官。
②怏怏不樂：心中鬱悶、不高興的樣子。
③初出茅廬：東漢末年，諸葛亮隱居隆中，劉備三顧茅廬，竭誠聘請諸葛亮協助其興復漢室，諸葛亮才出山就大敗曹操的軍隊。

魏蜀吳，　爭漢鼎。
號三國，　迄兩晉。

譯文

　　東漢末年，魏、蜀、吳爭奪天下，而形成三國鼎立的局面，直到司馬炎建立晉朝，才結束紛擾的三國時期。

梁武帝興佛教

　　梁武帝稱帝以後，在全國大力提倡佛教，把佛教定為「國教」，一時間全國各地到處都興建寺廟。唐朝著名詩人杜牧曾經寫下這樣的詩句：「南朝四百八十

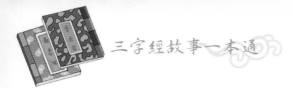
寺，多少樓臺煙雨中。」來刻畫當時的情景。

梁武帝為了表示對佛的虔誠，命令朝廷上下文武百官必須同他一起吃素，就是祭祀也用素食素菜，不用豬、牛、羊等。梁武帝還經常在皇宮裡唸經、敲木魚，甚至一度住進了寺廟裡。

可是朝中怎麼能沒有皇帝呢？大臣們見到皇帝住進了寺廟，都十分著急，紛紛來勸梁武帝回宮，可他卻執意不肯。

這時，梁武帝放出話來，要想讓他回宮，大臣們必須得多做善事。做什麼善事呢？大臣們想來想去，終於明白了皇上的意思，就是讓大家給寺廟裡捐錢。於是大臣們東拼西湊①，捐給寺廟很多錢，最後才把梁武帝「贖」回來。

注釋

①東拼西湊：把零零星星的東西湊在一起。比喻到處張羅。

宋齊繼，　梁陳承。
為南朝，　都金陵。

譯文

晉朝王室南遷以後，不久就衰亡了。相繼興起的是宋、齊、梁、陳四個朝代，史稱「南朝」，國都均建在金陵（今南京）。

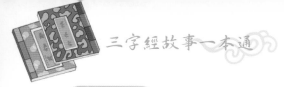

故事

北魏孝文帝遷都

　　北魏孝文帝認為要鞏固魏朝的統治，就要吸收中原的文化。於是他決心把國都遷到洛陽。孝文帝怕大臣們反對，就提出要進攻南齊，想藉這個機會，帶領文武官員遷都中原。

　　公元四九三年，魏孝文帝親自領兵三十多萬南下，到了洛陽。正好碰到秋雨連綿，道路泥濘，行軍困難。大臣們本來不想出兵伐齊，趁著大雨便紛紛出來勸說孝文帝。

　　孝文帝嚴肅的說道：「這次我們興師動眾①，如果半途而廢，豈不是讓後代人笑話。如果不能南進，就把國都遷到這

北魏孝文帝遷都

裡吧！」許多文武官員雖然不
贊成遷都，但是聽說可以不用
再去打仗，也都只好表示擁護
遷都洛陽了。

注釋

①興師動眾：興，發動；師，軍隊；眾，指大隊人馬；原指大規模
　士兵，現指動用很多人力。

北元魏，　分東西。
宇文周，　與高齊。

譯　文

　　北方，　最先興起的是北魏
拓拔氏，　至魏孝武帝時分裂為
東魏和西魏。　不久之後，　宇文
覺滅西魏，　建立北周；　高洋滅
東魏，　建立北齊。

故 事

隋煬帝喪國

　　隋煬帝做皇帝之後，　本性逐漸暴露無遺。　他迷戀女色，講求奢華，　還喜歡四處遊玩。他命人大興土木，　建造華麗的宮殿，　還三次派兵征討高麗。

　　隋煬帝第一次到南方巡遊江都時，　自己乘坐的龍舟高四十五尺、　寬五十尺、　長達二百尺，　上下還分為四層，　裡面用金銀珠寶裝飾得富麗堂皇①。　另外，　還有幾千艘隨行的船隻，前後綿延達二百里。　沿途路過的州縣，　五百里以內就要殷勤供應船上的食物，　極其奢侈浪費。

　　就這樣隋朝的國力終於經

不起隋煬帝長年累月的虛耗，百姓也不堪負荷，於是不斷爆發農民起義，隋朝的統治很快就土崩瓦解②了。

迨至隋，一土宇。
不再傳，失統緒。

譯　文

　　楊堅重新統一了中國，建立隋朝，史稱隋文帝。他的兒子隋煬帝楊廣即位後，荒淫無道，隋朝很快就滅亡了。

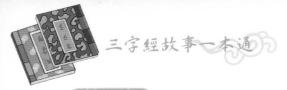

故　事

魏徵直言敢諫

　　有一次，魏徵在朝上和唐太宗爭得面紅耳赤①。唐太宗怕丟了自己接受意見的好名聲，不好發作，退朝以後，憋了一肚子氣回到內宮，氣沖沖②的說道：「魏徵竟然當著大家的面侮辱我，我一定要殺了這個鄉巴佬③！」長孫皇后聽了，回屋換了一套朝見的禮服，向太宗恭賀，說道：「我聽說英明的天子才有正直的大臣。現在魏徵這樣正直，正說明陛下的英明。」聽了這一番話，太宗轉怒為喜。後來，魏徵死了，唐太宗非常難過的說道：「魏徵一死，我就等於失去了一面好

鏡子。」

由於唐太宗
政治開明，使唐
朝初期呈現出一
片繁榮的景象，
歷史上稱為「貞
觀之治」。

三字經故事一本通

注 釋

①面紅耳赤：羞愧的樣子。
②氣沖沖：形容十分激動、憤怒的樣子。
③鄉巴佬：戲稱住在鄉下，因不常出門而見識不廣的人。

唐ㄊㄤ 高ㄍㄠ 祖ㄗㄨˇ， 起ㄑㄧˇ 義ㄧˋ 師ㄕ。
除ㄔㄨˊ 隋ㄙㄨㄟˊ 亂ㄌㄨㄢˋ， 創ㄔㄨㄤˋ 國ㄍㄨㄛˊ 基ㄐㄧ。

譯 文

　　唐ㄊㄤ高ㄍㄠ祖ㄗㄨˇ李ㄌㄧˇ淵ㄩㄢ起ㄑㄧˇ兵ㄅㄧㄥ反ㄈㄢˇ隋ㄙㄨㄟˊ，最ㄗㄨㄟˋ後ㄏㄡˋ隋ㄙㄨㄟˊ朝ㄔㄠˊ滅ㄇㄧㄝˋ亡ㄨㄤˊ。他ㄊㄚ又ㄧㄡˋ戰ㄓㄢˋ勝ㄕㄥˋ了ㄌㄜ各ㄍㄜˋ路ㄌㄨˋ的ㄉㄜ反ㄈㄢˇ隋ㄙㄨㄟˊ義ㄧˋ軍ㄐㄩㄣ，取ㄑㄩˇ得ㄉㄜˊ了ㄌㄜ天ㄊㄧㄢ下ㄒㄧㄚˋ，建ㄐㄧㄢˋ立ㄌㄧˋ起ㄑㄧˇ唐ㄊㄤ朝ㄔㄠˊ的ㄉㄜ基ㄐㄧ業ㄧㄝˋ。

192

故事

武則天馴馬

　　武則天十四歲時，被選入宮中服侍唐太宗。當時唐太宗有匹名馬，叫「獅子驄」，長得肥壯可愛，但是性格暴躁，不好駕馭。

　　一次，唐太宗帶著宮妃們去看那匹馬，開玩笑說：「妳們當中有誰能制伏牠？」

　　這時，十四歲的武則天站了出來，說道：「我能！只要給我三件東西：第一件就是鐵鞭，第二件是鐵錘，第三件是匕首。牠要是調皮，就用鞭子抽牠；還不服，就用鐵錘敲牠的頭；如果再搗蛋，就用匕首砍斷牠的脖子。」

公元六九〇年，武則天自稱聖神皇帝，改國號為周，成為中國歷史上唯一的女皇帝。

二十傳，　三百載。
梁滅之，　國乃改。

譯文

唐朝共傳了二十位皇帝，國運將近三百年。到唐哀帝被朱全忠篡位，改國號梁，唐朝從此滅亡。為和南北朝時期的梁相區別，歷史上稱為後梁。

故事

李後主亡國

南唐的最後一個國主叫李煜，歷史上稱南唐後主。李煜對詩詞、音樂、書畫都非常精通，就是不懂得處理國事。

公元九七四年九月，宋太祖派十萬大軍分水陸兩路攻打南唐。李煜急忙派大臣徐鉉到東京去

求和。徐鉉見了宋太祖說：「李煜待陛下，就像兒子待父親一樣孝順，為什麼還要討伐他？」宋太祖反問說：「那麼你倒說說，父親和兒子能分成兩家嗎？」徐鉉眼看再懇求也沒用，只好再回到金陵。

　　後來，南唐被宋軍攻破。李煜變成一個亡國的俘虜，心裡十分辛酸，每天流著眼淚過日子。李煜本來就是寫詞的能手，在這段時期，更是寫出了許多感情憂傷的詞，其中最著名的一句便是「問君能有幾多愁，恰似一江春水向東流」。

梁唐晉，及漢周。
稱五代，皆有由。

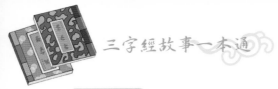

譯文

後梁、後唐、後晉、後漢及後周，這五個朝代的更替時期，史稱為「五代」。五代的生命都很短暫，其興亡都有原因。

趙匡胤杯酒釋兵權

　　宋太祖趙匡胤剛即位，心裡總不大踏實。一天，他在宮裡宴請幾位曾經幫他打下江山的老將。

　　宋太祖說：「如果沒有你們的幫助，我也不會做皇帝。可是做了皇帝，我沒有睡過一夜安穩覺。」老將們忙問：「陛下，這是為什麼呢？」宋太祖說：「這你們還不明白嗎？皇帝的位子誰不眼紅①？」老將們一聽，感到大禍臨頭②。

　　第二天上朝時，老將們都遞上一份奏章，說自己年老多病，請求辭職。宋太祖馬上照准，並收回他們的兵權，賞給

他們一大筆財物，打發他們到各地去做了有名無實③的節度使④。

注釋

①眼紅：看見別人有名有利時而心生嫉妒。
②大禍臨頭：大災難即將降臨。
③有名無實：虛有其名而無實際內容。
④節度使：職官名。唐代所設，掌管一道或數州的軍民要政，當時事權甚重。宋以為虛銜，元廢。

炎宋興，　受周禪。
十八傳，　南北混。

譯文

趙匡胤接受後周的禪讓，建立宋朝。北宋和南宋一共傳了十八代。後來北方的少數民族南下侵擾，結果又成了南北混亂的局面。

故 事

宗澤守東京

公元一一二七年，北宋滅亡。同年，康王趙構在南京即帝位，就是宋高宗，史稱為南宋。也為了抵抗金軍的進攻，宋高宗於是任命六十九歲的抗金名將宗澤把守東京（今河南開封）。

宗澤到任後，積極聯絡今山西、河北和陝西等地抗金義軍，實行統一領導；製造了一千多輛戰車，並親自督率士兵加緊操練；還在東京周圍以及黃河沿岸州縣修築連珠寨，互相應援，使防禦力量日益增強。就在宗澤積極備戰時，高宗卻擔心京城難守，便遷都揚

州，一時間中原地區人心動蕩不安。

　　金太宗完顏晟得知宋朝國都向南遷移，趁機派

兵三路來進攻山東、河南、陝西，企圖控制中原地區，欲奪取揚州，消滅南宋。

當金兵兵臨城下時，民眾們都十分恐慌。宗澤一面下令照舊張燈結綵①，歡度元宵節，以安定人心；一面派精兵數千人，繞到金軍後方，阻截其歸路，前後夾擊，最終保衛了東京的安全。

注釋

①張燈結綵：形容節日或辦喜事的歡樂場面。

遼與金，　帝號紛。
迫滅遼，　宋猶存。

譯文

北方的遼人和金人都建立了王朝，自稱皇帝。到遼國滅亡的時候，宋朝仍然存在。

故事

成吉思汗建蒙古國

　　成吉思汗，即元太祖，名叫鐵木真。在十二世紀中期，鐵木真歷盡艱辛，征戰無數，終於實現了蒙古高原的統一大業，將高原上原本互不統屬、說各種語言的遊牧部落和森林狩獵部落統一在自己的旗幟之下，建立了蒙古帝國，鐵木真也被擁戴為「成吉思汗」，意為大多數人的強有力的皇帝。但是，金朝仍把蒙古作為附屬國，要求成吉思汗進貢①。成吉思汗不甘忍受這種屈辱，公元一二一一年，親率大軍揮戈南下，奪取金朝的國都中都（北京），從此，蒙古國實力更加

強大。隨後成吉思汗又率軍西征，一直打到了現在的中亞細亞各國，震驚了西方世界。

注釋

①進貢：呈獻貢品。

至元興， 金緒歇。
有宋世， 一同滅。
併中國， 兼戎狄。

譯文

鐵木真建立蒙古帝國，到忽必烈消滅了金及南宋，統一中國，建立元朝，還兼併了邊疆的各少數民族。

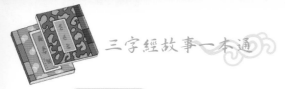

故 事

朱元璋建立明朝

朱元璋家境貧寒，從小父母早逝，年輕時曾經入寺為僧。

公元一三五二年，朱元璋參加元末農民起義。在攻下南京之後，他採取「高築牆，廣積糧，緩稱王」的戰略方針，使自己的軍力逐漸壯大。

公元一三六八年，朱元璋建立了明朝，定都南京。朱元璋統一全國後，採取了一系列加強封建專制統治的措施：改革中央和地方的行政機構；廢除丞相制，設立六部，直接

由皇帝負責；調整軍事機構，推行科舉制度，加強法制。通過這些措施，明太祖朱元璋鞏固了自己的統治。

明太祖，久親師。
傳建文，方四祀。

譯文

明太祖朱元璋一直親自統率軍隊打下江山。明太祖傳位給孫子建文，建文帝僅做了四年的皇帝。

故事

李闖王渡黃河

　　明朝末年，李闖王帶領農民軍，準備渡過黃河，去解救受苦受難的老百姓。

　　當時正值初冬，滔滔的黃河擋住了農民軍前進的道路。等了三天，黃河也沒有封凍。闖王急得頭髮鬍子都白了。第四天，闖王又派兩個人去看。可是，黃河還是沒有結凍。

　　黃河岸上的船夫知道闖王要過河，就在河面上船連船，板連板，連夜搭起了一座寬大的浮橋。

　　闖王謝了船夫，帶領大軍順利的渡過了黃河。

遷ㄑㄧㄢ 北ㄅㄟ 京ㄐㄧㄥ， 永ㄩㄥ 樂ㄌㄜ 嗣ㄙ。
迨ㄉㄞ 崇ㄔㄨㄥ 禎ㄓㄣ， 煤ㄇㄟ 山ㄕㄢ 逝ㄕ。

譯 文

　　等ㄉㄥ 到ㄉㄠ 明ㄇㄧㄥ 成ㄔㄥ 祖ㄗㄨ 永ㄩㄥ 樂ㄌㄜ 皇ㄏㄨㄤ 帝ㄉㄧ， 把ㄅㄚ
國ㄍㄨㄛ 都ㄉㄨ 由ㄧㄡ 金ㄐㄧㄣ 陵ㄌㄧㄥ 遷ㄑㄧㄢ 往ㄨㄤ 燕ㄧㄢ 京ㄐㄧㄥ （ 北ㄅㄟ 京ㄐㄧㄥ ）
後ㄏㄡ， 又ㄧㄡ 傳ㄔㄨㄢ 了ㄌㄜ 十ㄕ 七ㄑㄧ 代ㄉㄞ， 到ㄉㄠ 崇ㄔㄨㄥ 禎ㄓㄣ 皇ㄏㄨㄤ
帝ㄉㄧ 在ㄗㄞ 梅ㄇㄟ 山ㄕㄢ 自ㄗ
縊ㄧ， 清ㄑㄧㄥ 兵ㄅㄧㄥ 入ㄖㄨ
關ㄍㄨㄢ 後ㄏㄡ， 明ㄇㄧㄥ 朝ㄔㄠ
滅ㄇㄧㄝ 亡ㄨㄤ。

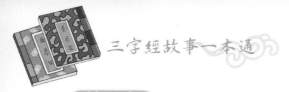

努爾哈赤建後金

努爾哈赤出身於建州女真的貴族家庭。從小喜歡騎馬射箭，練就了一身好武藝。十歲時，努爾哈赤離開家，靠販賣山貨過起了自立的生活。

二十五歲時，努爾哈赤的祖父和父親都被另一個部落的人殺害。努爾哈赤聽說了這個消息，滿腔悲憤的回到家裡，翻出父親留下的十三副盔甲，分發給他手下的士兵，準備為父報仇。

努爾哈赤英勇善戰，沒過幾年，便統一了女真族各部，把女真人編為八個旗。

公元一六一六年，努爾哈

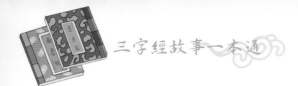

赤即位稱汗，定國號為金，史稱後金。清朝建立後，尊為清太祖。

清太祖，膺景命。
靖四方，克大定。
至世祖，乃大同。
十二世，清祚終。

譯文

清太祖努爾哈赤接受了天命，入主中原平定各地流寇作亂，恢復天下安定。到清世祖順治皇帝在北京登帝，平定各地的混亂局面，老百姓生活才得以安定。清朝傳了十二代後就滅亡了。

故事

呂蒙發憤讀書

　　三國時期，吳國的大將呂蒙非常勇猛，卻不喜歡讀書。

　　吳王孫權勸他要多學習，呂蒙總是以軍營中事務繁多為由加以推辭。孫權說：「我不是想要你鑽研經史典籍而成為學問淵博的學者，只是我認為多讀書能夠使自己獲得很大的收益。光武帝再繁忙也抓緊時間學習，曹操也說自己老而好學，難道你就不該學習嗎？」呂蒙覺得非常慚愧，於是開始發憤讀書。

　　後來，魯肅路過潯陽，與呂蒙探討天下大事。魯肅聽到呂蒙的見解後，非常驚奇的說

道：「士別三日，當刮目相看①啊！」

①士別三日刮目相看：雖然才分開三天，卻進步很多，讓人另眼相看；表示進步神速的樣子。

讀史者，考實錄。
通古今，若親目。

譯文

讀歷史的人應該更進一步的去翻閱歷史資料，了解古往今來事情的前因後果，就好像是自己親眼所見一樣。

故事

司ㄙ馬ㄇㄚˇ光ㄍㄨㄤ與ㄩˇ警ㄐㄧㄥˇ枕ㄓㄣˇ

　　司ㄙ馬ㄇㄚˇ光ㄍㄨㄤ從ㄘㄨㄥˊ小ㄒㄧㄠˇ就ㄐㄧㄡˋ有ㄧㄡˇ個ㄍㄜˋ讀ㄉㄨˊ書ㄕㄨ習ㄒㄧˊ慣ㄍㄨㄢˋ，那ㄋㄚˋ就ㄐㄧㄡˋ是ㄕˋ比ㄅㄧˇ別ㄅㄧㄝˊ人ㄖㄣˊ多ㄉㄨㄛ讀ㄉㄨˊ幾ㄐㄧˇ遍ㄅㄧㄢˋ，讀ㄉㄨˊ時ㄕˊ比ㄅㄧˇ別ㄅㄧㄝˊ人ㄖㄣˊ多ㄉㄨㄛ思ㄙ考ㄎㄠˇ一ㄧ些ㄒㄧㄝ。

　　司ㄙ馬ㄇㄚˇ光ㄍㄨㄤ在ㄗㄞˋ白ㄅㄞˊ天ㄊㄧㄢ讀ㄉㄨˊ書ㄕㄨ非ㄈㄟ常ㄔㄤˊ用ㄩㄥˋ功ㄍㄨㄥ，所ㄙㄨㄛˇ以ㄧˇ一ㄧ到ㄉㄠˋ晚ㄨㄢˇ上ㄕㄤˋ，再ㄗㄞˋ看ㄎㄢˋ書ㄕㄨ眼ㄧㄢˇ睛ㄐㄧㄥ就ㄐㄧㄡˋ想ㄒㄧㄤˇ睜ㄓㄥ也ㄧㄝˇ睜ㄓㄥ不ㄅㄨˋ開ㄎㄞ了ㄌㄜ，只ㄓˇ好ㄏㄠˇ倒ㄉㄠˇ頭ㄊㄡˊ大ㄉㄚˋ睡ㄕㄨㄟˋ，直ㄓˊ到ㄉㄠˋ天ㄊㄧㄢ亮ㄌㄧㄤˋ才ㄘㄞˊ醒ㄒㄧㄥˇ。幾ㄐㄧˇ天ㄊㄧㄢ下ㄒㄧㄚˋ來ㄌㄞˊ，司ㄙ馬ㄇㄚˇ光ㄍㄨㄤ感ㄍㄢˇ覺ㄐㄩㄝˊ晚ㄨㄢˇ上ㄕㄤˋ時ㄕˊ間ㄐㄧㄢ全ㄑㄩㄢˊ睡ㄕㄨㄟˋ過ㄍㄨㄛˋ去ㄑㄩˋ了ㄌㄜ，非ㄈㄟ常ㄔㄤˊ可ㄎㄜˇ惜ㄒㄧˊ，於ㄩˊ是ㄕˋ就ㄐㄧㄡˋ想ㄒㄧㄤˇ出ㄔㄨ一ㄧ個ㄍㄜˋ妙ㄇㄧㄠˋ法ㄈㄚˇ，用ㄩㄥˋ一ㄧ段ㄉㄨㄢˋ圓ㄩㄢˊ木ㄇㄨˋ代ㄉㄞˋ替ㄊㄧˋ枕ㄓㄣˇ頭ㄊㄡˊ。

　　每ㄇㄟˇ次ㄘˋ睡ㄕㄨㄟˋ到ㄉㄠˋ半ㄅㄢˋ夜ㄧㄝˋ時ㄕˊ，一ㄧ個ㄍㄜˋ翻ㄈㄢ身ㄕㄣ，「枕ㄓㄣˇ頭ㄊㄡˊ」就ㄐㄧㄡˋ會ㄏㄨㄟˋ滾ㄍㄨㄣˇ走ㄗㄡˇ，頭ㄊㄡˊ部ㄅㄨˋ隨ㄙㄨㄟˊ之ㄓ跌ㄉㄧㄝˊ落ㄌㄨㄛˋ下ㄒㄧㄚˋ來ㄌㄞˊ，司ㄙ馬ㄇㄚˇ光ㄍㄨㄤ立ㄌㄧˋ刻ㄎㄜˋ就ㄐㄧㄡˋ會ㄏㄨㄟˋ驚ㄐㄧㄥ醒ㄒㄧㄥˇ，然ㄖㄢˊ後ㄏㄡˋ就ㄐㄧㄡˋ起ㄑㄧˇ床ㄔㄨㄤˊ繼ㄐㄧˋ續ㄒㄩˋ的ㄉㄜ讀ㄉㄨˊ書ㄕㄨ。這ㄓㄜˋ個ㄍㄜˋ辦ㄅㄢˋ法ㄈㄚˇ果ㄍㄨㄛˇ然ㄖㄢˊ有ㄧㄡˇ效ㄒㄧㄠˋ，司ㄙ馬ㄇㄚˇ

220

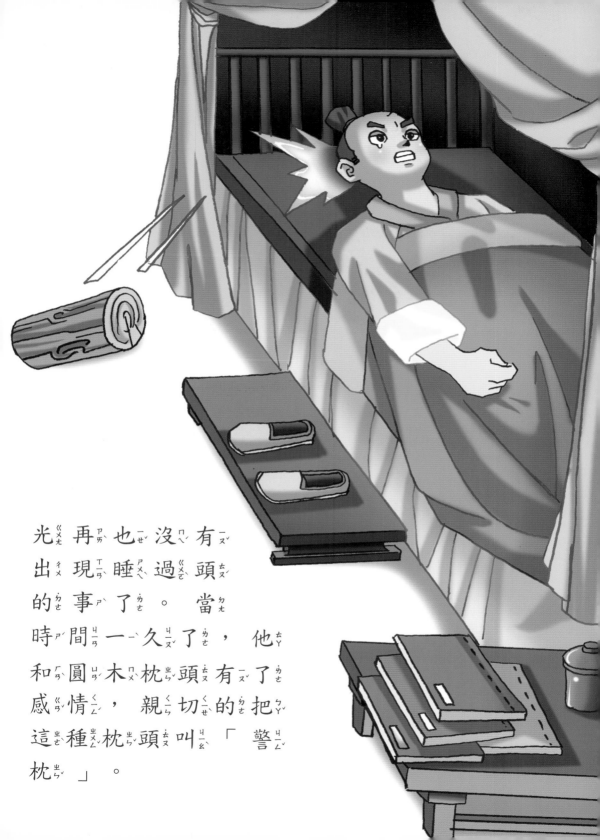

光再也沒有
出現睡過頭
的事了。當
時間一久了，他
和圓木枕頭有了
感情，親切的把
這種枕頭叫「警
枕」。

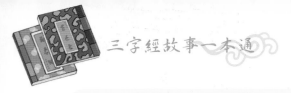
口（ㄎㄡˇ）而（ㄦˊ）誦（ㄙㄨㄥˋ）， 心（ㄒㄧㄣ）而（ㄦˊ）惟（ㄨㄟˊ）。
朝（ㄓㄠ）於（ㄩˊ）斯（ㄙ）， 夕（ㄒㄧˋ）於（ㄩˊ）斯（ㄙ）。

譯 文

　　讀（ㄉㄨˊ）書（ㄕㄨ）的（ㄉㄜ˙）方（ㄈㄤ）法（ㄈㄚˇ）不（ㄅㄨˊ）但（ㄉㄢˋ）要（ㄧㄠˋ）用（ㄩㄥˋ）口（ㄎㄡˇ）去（ㄑㄩˋ）讀（ㄉㄨˊ）去（ㄑㄩˋ）背（ㄅㄟˋ）， 還（ㄏㄞˊ）要（ㄧㄠˋ）用（ㄩㄥˋ）心（ㄒㄧㄣ）去（ㄑㄩˋ）思（ㄙ）考（ㄎㄠˇ）； 不（ㄅㄨˊ）但（ㄉㄢˋ）白（ㄅㄞˊ）天（ㄊㄧㄢ）用（ㄩㄥˋ）功（ㄍㄨㄥ）， 晚（ㄨㄢˇ）上（ㄕㄤˋ）也（ㄧㄝˇ）要（ㄧㄠˋ）不（ㄅㄨˊ）斷（ㄉㄨㄢˋ）的（ㄉㄜ˙）勤（ㄑㄧㄣˊ）學（ㄒㄩㄝˊ）苦（ㄎㄨˇ）讀（ㄉㄨˊ）， 才（ㄘㄞˊ）能（ㄋㄥˊ）熟（ㄕㄡˊ）記（ㄐㄧˋ）不（ㄅㄨˊ）忘（ㄨㄤˋ）。

故事

孔子拜師

　　孔子乘著一輛馬車周遊列國。一天，他來到一個地方，有個孩子用泥土圍了一座城，恰好擋住了孔子馬車的去路。於是孔子跳下車，說道：「小孩，你不該在路中間玩，擋住了我們的車！」

　　這時，小孩用手指著地上說：「老人家，您看這是什麼呢？」

　　孔子一看，原來是用碎石瓦片砌的一座城堡。

　　小孩說：「您說，應該是城給車讓路，還是車給城讓路呢？」

　　孔子被小孩的話給問住。

他愣了一下，便問：「你叫什麼？幾歲啦？」

小孩說：「我叫做項橐，七歲了！」

孔子說：「你的嘴巴很厲害！讓我來考考你，如果你答對的話，我們的馬車就繞道而行；如果你答不上來，那就要把城堡拆了，讓我們過去，好嗎？」

項橐不以為然①的說道：「那就請吧！先生想要怎麼考我呢？」

孔子問道：「什麼山上沒有石頭？什麼水裡沒有魚兒？什麼刀上沒有環？什麼火沒有煙……」

「您老人家聽著：土山上沒有石頭；井水中沒有魚兒；砍刀上沒有環；螢火蟲的火沒有煙……」

孔子一連提了十幾個的問題，都難不倒這個孩子。他不禁點了點頭，連聲稱讚說：「說得好！說得妙啊！」

這時項橐說：「您考過我了，現在我也想來考考您：鵝和鴨為什麼能浮在水面上？鴻雁和仙鶴為什麼善於鳴叫？松柏為什麼冬夏常青……」

「鵝和鴨能浮在水面上，是因為牠們的腳是方的；鴻雁和仙鶴善於鳴叫，是因為牠們的脖子長；松柏冬夏常青，是因為它們的樹心堅實……」

「不對！魚鱉能浮在水面上，難道也是因為牠們的腳是方的嗎？青蛙善於鳴叫，難道是因為牠們的脖子長嗎？竹子冬夏常青，難道是因為它們的莖心堅實嗎……」

孔子十分佩服這孩子淵博

的知識，於是讓車夫駕著車繞道走了。

注釋

①不以為然：不認同。

昔仲尼，　師項橐。
古聖賢，　尚勤學。

譯文

　　從前，孔子拜七歲的神童項橐為老師。像孔老夫子這樣的聖賢，還這樣不恥下問，更何況我們普通人呢？

三字經故事一本通

故事

趙普半部《論語》佐國

　　趙普年輕時書讀得很少，做丞相後，宋太祖趙匡胤經常勸他多讀點書。後來趙普很勤奮讀書，每次退朝回到家，就關上門從書箱取出書，一讀就是一整天。第二天處理政務，決斷如流。

　　一天晚上，宋太祖去找趙普商量國家大事，一進門，見趙普正在燈下讀《論語》。宋太祖覺得十分奇怪，就問他：「《論語》是小孩子讀的，你怎麼還在讀呢？」

　　趙普說道：「我只用半部《論語》就為皇上打下天下，我還要用另半部幫你治理天下

228

呢！所以我沒有一天不讀《論語》的。」

趙普直到晚年，依然堅持讀書。他身為宰相，是宋太祖身邊主要的謀士，立下了許多功績。

趙中令，　讀魯論。
彼既仕，　學且勤。

譯　文

宋朝的宰相趙普，天天手不釋卷①的閱讀《論語》，不因為自己已經當了高官，而忘記勤奮學習。

注　釋

①手不釋卷：形容勤奮好學。

故事

路溫舒編蒲草書

　　路溫舒出生在西漢一個窮苦的家庭裡。他從小就對讀書識字非常感興趣，常想：要是能有一冊書帶在身邊，一邊放羊，一邊讀書，那該多好啊！可是路溫舒的家裡實在是太窮了，根本沒錢買書。

　　一天，他在池塘邊放羊，看見池塘裡長著一叢蒲草，又寬又長。這蒲草多像從前抄書用的竹簡呀！這樣想著，路溫舒便興高采烈①的割了一大捆蒲草，趕著羊群往家走。

　　回到家後，路溫舒將蒲草切得整整齊齊，然後用線繩穿在一起，把借來的書抄寫在蒲

草上。從此，他放羊時就可以閱讀自己的「書」了。當蒲草書讀完了一冊又一冊，他的學識也長進得很快。

就這樣路溫舒靠讀自己的「蒲草書」，最終成為了歷史上一位有名的法學家。他曾上書漢宣帝要求改革法律制度，為百姓做了許多有益的事情。

①興高采烈：形容興致勃勃，情緒熱烈的樣子。

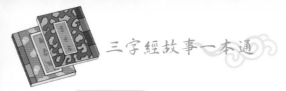

故　事

公孫弘削簡成冊

　　西漢武帝的時候，有一位名臣叫公孫弘。他小時候家裡很窮，只能靠給別人放豬來謀生。

　　儘管如此，公孫弘從來沒有停止過讀書。買不起書，他就把竹林裡的竹子砍下來，劈成一塊塊的竹片，刮掉青皮，然後把借來的《春秋》一字不漏的抄寫在竹片上，日夜誦讀。

　　後來，在漢武帝親自主持的一次考試中，公孫弘以他淵博的知識和精闢的見

三字經故事一本通

解，脫穎而出①，得到了漢武帝的高度讚賞，最後成為漢朝的宰相。

注 釋

①脫穎而出：顯露才能超越眾人。

披蒲編，　削竹簡。
彼無書，　且知勉。

譯 文

　　西漢時的路溫舒，將蒲草編織成席，把文字抄在蒲草上閱讀；公孫弘則把竹子削成竹簡，把借來的書，抄在上面。他們窮得沒有錢買書，但還是不忘刻苦讀書。

故事

孫敬懸梁苦讀

孫敬從小常閉門的好學習，經起靜靜的一個人關靜靜的來讀書安書。

有一天，他正在看書，看著看著，所有的字一片模糊，兩眼一閉就睡著了。等到他睜開眼睛時，天已經大亮後悔，孫敬非常擔心因為睡覺而學業

237

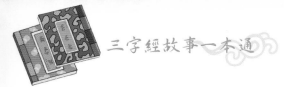

荒蕪、一事無成。

　　為了防止打瞌睡，孫敬想出了一個方法，就是在書桌上方的房梁上拴一根繩子，然後把自己的頭髮繫在繩子上，每當讀書發睏了，剛要歪頭打瞌睡時，頭髮就會被繩子緊緊拉住，疼痛就會讓他立刻清醒起來，接著再讀書。孫敬用這個辦法，使自己堅持數年之久的夜讀。年復一年的刻苦學習，使孫敬飽讀詩書，博學多才，成為了一名通曉古今的大學問家。

故事

蘇秦刺股勤學

　　戰國時期，有一個人叫蘇秦，因為在秦國求官不成，回家後被家人看不起，於是他將家裡存的幾十箱書籍全部都找出來，不分白天黑夜的反覆誦讀。有時候讀著讀著就趴在書案上睡著了，每次醒來後，看見時間已經過去了很多，蘇秦總是痛罵自己無用。

　　有一次，蘇秦讀書時又開始犯睏，身子不由自主的倒在書案上。桌上正好放著一把錐子，錐子刺痛了蘇秦的手臂，他一下子清醒過來。以後，每到頭昏腦脹、眼睛發澀、倦意襲來的時候，蘇秦就拿起錐子

扎大腿，使自己清醒之後又讀書。經過一番努力，蘇秦終於得到了六國君主的重用，開始了輝煌的政治生涯。

> 頭懸梁，錐刺股。
> 彼不教，自勤苦。

譯 文

中國古代的孫敬讀書時，把自己的頭髮拴在屋梁上，以免打瞌睡；戰國時蘇秦讀書每到疲倦時，就用錐子刺大腿。他們不用別人督促卻可以自覺的勤奮苦讀。

故事

車胤囊螢與孫康映雪

　　古時候有個人叫車胤。小時候因家裡很窮，不能上學讀書，只能趁白天幹活的時候抽時間讀書。到了晚上，家裡點不起燈，無法讀書，車胤覺得時間白白浪費掉實在很可惜。

　　一天，他偶然發現有許多螢火蟲閃閃發光，於是捉了十幾隻來放在紗布袋裡，把它掛了起來，利用螢火蟲發出的光亮夜以繼日①的讀書。最終他成為了一個很有學問的人。

　　晉朝的孫康家裡窮得連燈油也買不起，他就在月光下看書。一個大雪紛飛的夜晚，積雪像一面鏡子，把書上的字照

得很清晰，孫康就趴在雪地上看書，完全忘記了寒冷。憑著如此的苦讀，孫康後來也成了一名大學問家。

注釋

①夜以繼日：從夜晚到白天，一直不歇息。形容工作勤奮不倦的樣子。

如囊螢，　如映雪。
家雖貧，　學不輟。

譯文

　　晉朝時的車胤，夏天的時候用裝著螢火蟲的紗袋借光讀書；晉朝的孫康，在冬天的夜裡利用雪地上的反光來讀書。他們家雖窮苦，卻能在艱苦條件下繼續求學。

故 事

朱買臣李密求學記

漢朝時有個名叫朱買臣的人，非常喜歡讀書，可是家裡很窮，為了生計，每天都要上山砍柴，每次砍柴的時候都帶著書，在上山的路上不停的朗讀。

隋朝時期，有個名叫李密的人，原是貴族出身，後來家境破落①，靠替人放牛謀生。但是李密少年時便發憤讀書，從不浪費能夠用來讀書的點滴時間。每天，李密都把幾本書掛在牛角上，然後坐在牛背上一邊趕路，一邊讀書，十分的專注。後來李密成了反隋起義軍瓦崗軍的首領。

注釋

①破落：指家境衰落、沒落的樣子。

譯文

　　漢朝的朱買臣，以砍柴維持生活，每天邊擔柴邊讀書。隋朝的李密，平日替人放牛，經常把書掛在牛角上，有時間就讀。他們為了謀生，身心勞苦，卻依然堅持到底，刻苦的求學。

故 事

蘇洵大器晚成

蘇洵年輕時，讀書不努力，糊里糊塗的混日子，直到二十七歲才開始發憤學習。

一天，蘇洵把自己過去所有不成熟的作品全部燒掉，從此開始謝絕賓客，閉門攻讀。如此發憤攻讀了五、六年，終於文才突飛猛進。

宋仁宗時，蘇洵不遠千里從四川來到京城開封，把自己的二十二篇作品，呈給皇上閱覽。仁宗皇帝對蘇洵的作品給予了極高的評價，於是任命他為祕書省校書，這時蘇洵已年過五十歲了。

蘇（ㄙㄨ）老（ㄌㄠˇ）泉（ㄑㄩㄢˊ），　二（ㄦˋ）十（ㄕˊ）七（ㄑㄧ）。
始（ㄕˇ）發（ㄈㄚ）憤（ㄈㄣˋ），　讀（ㄉㄨˊ）書（ㄕㄨ）籍（ㄐㄧˊ）。
彼（ㄅㄧˇ）既（ㄐㄧˋ）老（ㄌㄠˇ），　猶（ㄧㄡˊ）悔（ㄏㄨㄟˇ）遲（ㄔˊ）。
爾（ㄦˇ）小（ㄒㄧㄠˇ）生（ㄕㄥ），　宜（ㄧˊ）早（ㄗㄠˇ）思（ㄙ）。

譯文

　　宋（ㄙㄨㄥˋ）朝（ㄔㄠˊ）的（ㄉㄜ˙）文（ㄨㄣˊ）學（ㄒㄩㄝˊ）家（ㄐㄧㄚ）蘇（ㄙㄨ）洵（ㄒㄩㄣˊ），　號（ㄏㄠˋ）老（ㄌㄠˇ）泉（ㄑㄩㄢˊ），　小（ㄒㄧㄠˇ）時（ㄕˊ）候（ㄏㄡˋ）不（ㄅㄨˋ）想（ㄒㄧㄤˇ）念（ㄋㄧㄢˋ）書（ㄕㄨ），　到（ㄉㄠˋ）了（ㄌㄜ˙）二（ㄦˋ）十（ㄕˊ）七（ㄑㄧ）歲（ㄙㄨㄟˋ）時（ㄕˊ）忽（ㄏㄨ）然（ㄖㄢˊ）覺（ㄐㄩㄝˊ）悟（ㄨˋ），　開（ㄎㄞ）始（ㄕˇ）發（ㄈㄚ）憤（ㄈㄣˋ）讀（ㄉㄨˊ）書（ㄕㄨ）。　他（ㄊㄚ）因（ㄧㄣ）為（ㄨㄟˋ）年（ㄋㄧㄢˊ）紀（ㄐㄧˋ）大（ㄉㄚˋ），　才（ㄘㄞˊ）後（ㄏㄡˋ）悔（ㄏㄨㄟˇ）讀（ㄉㄨˊ）書（ㄕㄨ）太（ㄊㄞˋ）晚（ㄨㄢˇ）。

你（ㄋㄧˇ）們（ㄇㄣ˙）這（ㄓㄜˋ）些（ㄒㄧㄝ）年（ㄋㄧㄢˊ）輕（ㄑㄧㄥ）的（ㄉㄜ˙）學（ㄒㄩㄝˊ）子（ㄗˇ），　應（ㄧㄥ）該（ㄍㄞ）有（ㄧㄡˇ）所（ㄙㄨㄛˇ）警（ㄐㄧㄥˇ）惕（ㄊㄧˋ），　把（ㄅㄚˇ）握（ㄨㄛˋ）大（ㄉㄚˋ）好（ㄏㄠˇ）時（ㄕˊ）光（ㄍㄨㄤ），　發（ㄈㄚ）憤（ㄈㄣˋ）讀（ㄉㄨˊ）書（ㄕㄨ），　才（ㄘㄞˊ）不（ㄅㄨˋ）至（ㄓˋ）於（ㄩˊ）將（ㄐㄧㄤ）來（ㄌㄞˊ）後（ㄏㄡˋ）悔（ㄏㄨㄟˇ）。

故　事

梁灝考狀元

　　北宋時期，有一個文人叫梁灝，從小喜歡讀書，少年時曾立下誓言，不考中狀元誓不為人。他博覽群書，是當地有名的才子。可惜時運不濟，多次參加考試，都沒有考中，受盡別人的譏笑。

　　三十五歲時，梁灝依然滿懷信心的參加了朝廷的考試，發榜時卻又一次名落孫山。但梁灝並不在意，更加勤奮的學習，終於在八十二歲時考中狀元。

若梁灝，八十二。
對大廷，魁多士。
波既成，眾稱異。
爾小生，宜立志。

譯文

北宋的梁灝，八十二歲還能考中進士，而且在朝廷的殿試中對答如流，所有參加考試的人都不如他，脫穎而出成為狀元。梁灝那麼大的年紀，都能獲得成功，使得大家都感到驚異，欽佩他的好學不倦。你們應該趁著年輕的時候，立定志向，努力用功，一定前途無量。

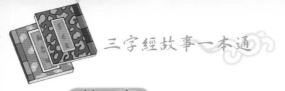

故　事

祖瑩吟詩背《尚書》

　　祖瑩八歲的時候，就能背誦《詩經》和《尚書》。他整天不停的讀書，常連覺都不想睡。父母心疼他，就把家中的燈火藏起來，不讓他看書看得太晚。祖瑩只好等父母都睡著後，拿出自己事先藏好的火種來照明，怕父母看見，還用衣服把門窗遮住，為的是安心看書。

　　有一天，祖瑩看書看得晚了，第二天睡過了頭，醒來的時候已經誤了上學的時間。他匆匆忙忙的趕到學校，因為這一天正好輪到他上臺郎讀《尚書》。不料，這時他發現自己

竟然在匆忙中拿錯了課本， 但祖瑩沒有慌亂， 而是鎮定自若的把《尚書》的內容從頭到尾背誦一遍。 祖瑩不僅背得快， 而且一個字都沒有錯， 令在場的同學都很震驚。 當祖瑩長大後， 在朝中擔任祕書及著作郎的工作， 這個成就當然就是他刻苦讀書換來的。

故 事

李泌賦詩論棋道

公元七二八年，京城長安舉行了一次神童的選拔考試。一個叫員半千的九歲孩子率先登臺，舌戰群童，擊敗了所有的對手。

唐玄宗非常高興，將員半千叫到身邊，笑著說道：「你小小年紀，就能擊敗所有的孩子，真是厲害啊！」員半千笑著回答說道：「陛下，您過獎了！」唐玄宗問道：「你覺得還有比你更聰明的孩子嗎？」員半千回答說道：「我的表弟李泌年僅七歲，但才學比我還高。」

玄宗聽後非常高興，立刻

派人飛馬把李泌接來。

　　玄宗以象棋為題做對聯，想試試李泌的才學。上聯出：「方若棋盤，圓若棋子，動若棋生，靜若棋死。」

　　李泌稍假思索即對：「方若行義，圓若用智，動若騁材，靜若得意。」

　　玄宗聽後，覺得這個孩子果然不凡，回答得巧妙別致、寓意

深刻。玄宗把李泌抱在懷裡說道：「你將來會成為國家的棟梁啊！」

瑩八歲，能詠詩。
泌七歲，能賦碁。
彼穎悟，人稱奇。
爾幼學，當效之。

譯文

北齊的祖瑩八歲時就能吟詩，唐朝的李泌七歲時就能做賦談論棋道。他們兩個人的聰明才智，在當時很受人們的讚賞和稱奇。現在你們正是求學的開始，應當從小努力，以他們為模範，好好的學習效法。

故 事

謝道韞詠雪

　　謝道韞是東晉孝武帝時安西將軍謝奕的女兒。她自幼受到家庭良好環境的薰陶和教養，加上聰慧伶俐，所以很小的時候就顯露出過人的才華。

　　一年冬天，謝家兄弟子姪舉行家宴。謝安對小輩們說：「我要你們每個人打個比方，把下雪的情景描述出來。你們誰先說？」姪兒謝朗最性急，隨即應道：「撒鹽空中差可擬。」

這時，謝道韞卻說：「未若柳絮因風起。」用柳絮來形容鵝毛大雪的滿天飛舞，的確更確切生動。謝安說：「說得好！還是道韞最聰明。」

蔡文姬，　能辨琴。
謝道韞，　能詠吟。
彼女子，　且聰敏。
爾男子，　當自警。

譯文

東漢末年的蔡文姬，從小便能分辨出琴聲的好壞。晉朝的謝道韞能出口成詩。她們雖為女孩子，既聰明又敏捷，你們這些男生應當自我警醒，好好努力，充實自己。

故事

劉ㄌㄧㄡˊ晏ㄧㄢˋ正ㄓㄥˋ字ㄗˋ

　　唐ㄊㄤˊ朝ㄔㄠˊ時ㄕˊ有ㄧㄡˇ個ㄍㄜˋ名ㄇㄧㄥˊ叫ㄐㄧㄠˋ劉ㄌㄧㄡˊ晏ㄧㄢˋ，他ㄊㄚ從ㄘㄨㄥˊ小ㄒㄧㄠˇ就ㄐㄧㄡˋ很ㄏㄣˇ聰ㄘㄨㄥ明ㄇㄧㄥˊ，七ㄑㄧ歲ㄙㄨㄟˋ時ㄕˊ被ㄅㄟˋ稱ㄔㄥ為ㄨㄟˊ神ㄕㄣˊ童ㄊㄨㄥˊ。在ㄗㄞˋ劉ㄌㄧㄡˊ晏ㄧㄢˋ八ㄅㄚ歲ㄙㄨㄟˋ時ㄕˊ，被ㄅㄟˋ唐ㄊㄤˊ玄ㄒㄩㄢˊ宗ㄗㄨㄥ授ㄕㄡˋ予ㄩˇ翰ㄏㄢˋ林ㄌㄧㄣˊ院ㄩㄢˋ正ㄓㄥˋ字ㄗˋ的ㄉㄜ˙官ㄍㄨㄢ職ㄓˊ，專ㄓㄨㄢ門ㄇㄣˊ負ㄈㄨˋ責ㄗㄜˊ為ㄨㄟˋ太ㄊㄞˋ子ㄗˇ校ㄐㄧㄠˋ正ㄓㄥˋ文ㄨㄣˊ字ㄗˋ。劉ㄌㄧㄡˊ晏ㄧㄢˋ雖ㄙㄨㄟ然ㄖㄢˊ少ㄕㄠˋ年ㄋㄧㄢˊ得ㄉㄜˊ志ㄓˋ，但ㄉㄢˋ是ㄕˋ並ㄅㄧㄥˋ沒ㄇㄟˊ有ㄧㄡˇ因ㄧㄣ此ㄘˇ而ㄦˊ驕ㄐㄧㄠ傲ㄠˋ。他ㄊㄚ蔑ㄇㄧㄝˋ視ㄕˋ權ㄑㄩㄢˊ貴ㄍㄨㄟˋ，曾ㄘㄥˊ巧ㄑㄧㄠˇ妙ㄇㄧㄠˋ的ㄉㄜ˙規ㄍㄨㄟ勸ㄑㄩㄢˋ唐ㄊㄤˊ玄ㄒㄩㄢˊ宗ㄗㄨㄥ注ㄓㄨˋ意ㄧˋ那ㄋㄚˋ些ㄒㄧㄝ禍ㄏㄨㄛˋ國ㄍㄨㄛˊ殃ㄧㄤ民ㄇㄧㄣˊ的ㄉㄜ˙奸ㄐㄧㄢ臣ㄔㄣˊ。

　　一ㄧ天ㄊㄧㄢ，劉ㄌㄧㄡˊ晏ㄧㄢˋ對ㄉㄨㄟˋ唐ㄊㄤˊ玄ㄒㄩㄢˊ宗ㄗㄨㄥ說ㄕㄨㄛ：「臣ㄔㄣˊ凡ㄈㄢˊ是ㄕˋ《四ㄙˋ書ㄕㄨ》、《五ㄨˇ經ㄐㄧㄥ》都ㄉㄡ能ㄋㄥˊ正ㄓㄥˋ，只ㄓˇ有ㄧㄡˇ一ㄧ個ㄍㄜˋ『朋ㄆㄥˊ』字ㄗˋ正ㄓㄥˋ不ㄅㄨˋ了ㄌㄧㄠˇ。」

　　唐ㄊㄤˊ玄ㄒㄩㄢˊ宗ㄗㄨㄥ一ㄧ聽ㄊㄧㄥ之ㄓ後ㄏㄡˋ，覺ㄐㄩㄝˊ得ㄉㄜˊ很ㄏㄣˇ奇ㄑㄧˊ怪ㄍㄨㄞˋ。於ㄩˊ是ㄕˋ當ㄉㄤ玄ㄒㄩㄢˊ宗ㄗㄨㄥ一ㄧ查ㄔㄚˊ證ㄓㄥˋ才ㄘㄞˊ知ㄓ道ㄉㄠˋ，原ㄩㄢˊ來ㄌㄞˊ當ㄉㄤ時ㄕˊ朝ㄔㄠˊ廷ㄊㄧㄥˊ裡ㄌㄧˇ很ㄏㄣˇ多ㄉㄨㄛ大ㄉㄚˋ臣ㄔㄣˊ

相互勾結，禍國殃民，所以劉晏說無法正「朋」字，就是這個道理。

　　劉晏長大以後，當了唐朝的宰相。

唐ㄊㄤˊ劉ㄌㄧㄡˊ晏ㄧㄢˋ，　方ㄈㄤ七ㄑㄧ歲ㄙㄨㄟˋ。
舉ㄐㄩˇ神ㄕㄣˊ童ㄊㄨㄥˊ，　佐ㄗㄨㄛˇ正ㄓㄥˋ字ㄗˋ。
彼ㄅㄧˇ雖ㄙㄨㄟ幼ㄧㄡˋ，　身ㄕㄣ已ㄧˇ仕ㄕˋ。
爾ㄦˇ幼ㄧㄡˋ學ㄒㄩㄝˊ，　勉ㄇㄧㄢˇ而ㄦˊ致ㄓˋ。
有ㄧㄡˇ為ㄨㄟˊ者ㄓㄜˇ，　亦ㄧˋ若ㄖㄨㄛˋ是ㄕˋ。

譯 文

　　唐ㄊㄤˊ朝ㄔㄠˊ的ㄉㄜ劉ㄌㄧㄡˊ晏ㄧㄢˋ，　七ㄑㄧ歲ㄙㄨㄟˋ時ㄕˊ就ㄐㄧㄡˋ飽ㄅㄠˇ讀ㄉㄨˊ詩ㄕ書ㄕㄨ，　被ㄅㄟˋ稱ㄔㄥ為ㄨㄟˊ神ㄕㄣˊ童ㄊㄨㄥˊ，　做ㄗㄨㄛˋ了ㄌㄜ翰ㄏㄢˋ林ㄌㄧㄣˊ院ㄩㄢˋ的ㄉㄜ正ㄓㄥˋ字ㄗˋ官ㄍㄨㄢ，　他ㄊㄚ負ㄈㄨˋ責ㄗㄜˊ校ㄐㄧㄠˋ對ㄉㄨㄟˋ典ㄉㄧㄢˇ籍ㄐㄧˊ、　刊ㄎㄢ正ㄓㄥˋ文ㄨㄣˊ字ㄗˋ等ㄉㄥˇ工ㄍㄨㄥ作ㄗㄨㄛˋ。　他ㄊㄚ雖ㄙㄨㄟ然ㄖㄢˊ年ㄋㄧㄢˊ紀ㄐㄧˋ幼ㄧㄡˋ小ㄒㄧㄠˇ，　卻ㄑㄩㄝˋ已ㄧˇ經ㄐㄧㄥ任ㄖㄣˋ職ㄓˊ做ㄗㄨㄛˋ官ㄍㄨㄢ。　你ㄋㄧˇ們ㄇㄣ從ㄘㄨㄥˊ小ㄒㄧㄠˇ就ㄐㄧㄡˋ要ㄧㄠˋ學ㄒㄩㄝˊ習ㄒㄧˊ，　只ㄓˇ要ㄧㄠˋ勤ㄑㄧㄣˊ勉ㄇㄧㄢˇ努ㄋㄨˇ力ㄌㄧˋ，　也ㄧㄝˇ是ㄕˋ可ㄎㄜˇ以ㄧˇ做ㄗㄨㄛˋ到ㄉㄠˋ的ㄉㄜ。　歷ㄌㄧˋ史ㄕˇ上ㄕㄤˋ凡ㄈㄢˊ是ㄕˋ有ㄧㄡˇ作ㄗㄨㄛˋ為ㄨㄟˊ的ㄉㄜ人ㄖㄣˊ，　沒ㄇㄟˊ有ㄧㄡˇ不ㄅㄨˋ是ㄕˋ這ㄓㄜˋ樣ㄧㄤˋ的ㄉㄜ。

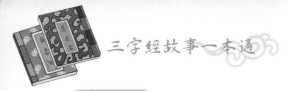

故事

祖逖聞雞起舞

　　當匈奴橫行北方、西晉王朝面臨崩潰①的時候，劉琨仍堅持在北方進行戰鬥。劉琨有一個好朋友叫祖逖，年輕時，兩個人晚上經常睡在一張床上，談論著國家大事，直到深更半夜。

　　有一天夜裡，他們睡得正香，一陣雞叫的聲音把兩個人驚醒了。於是兩個人高高興興的起來，在微曦的晨光下舞起劍來。從此，劉琨和祖逖每天在雞鳴叫後起床，苦練武藝，研究兵法，終於都成為了有名的將軍。

266

三字經故事一本通

注釋

①崩潰：毀壞潰散。

犬守夜，　雞司晨。
苟不學，　曷為人。
蠶吐絲，　蜂釀蜜。
人不學，　不如物。

譯文

　　狗會在晚上守夜看門，公雞會在早晨報曉，動物都能忠於職守，你們如果不讀書學習，又怎麼做人呢？蠶吐絲以供我們做衣料，蜜蜂可以釀造蜂蜜供人們食用；而人要是不懂得學習，以自己的知識、技能來實現自己的價值，豈不是連這些小昆蟲都不如嗎？

故事

師曠勸學

師曠從小雙目失明，但是仍然認真鑽研音樂，最終成為一位著名的音樂家。

有一天，師曠聽到晉平公嘆氣說道：「很多東西我都不知道，現在我已經七十多歲，想學也晚了。」師曠笑著說道：「您為什麼不點蠟燭學呢？人年少時學習，猶如在朝

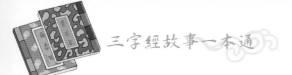

陽ㄧㄤˊ下ㄒㄧㄚˋ走ㄗㄡˇ路ㄌㄨˋ；　壯ㄓㄨㄤˋ年ㄋㄧㄢˊ的ㄉㄜ時ㄕˊ候ㄏㄡˋ學ㄒㄩㄝˊ習ㄒㄧˊ，猶ㄧㄡˊ如ㄖㄨˊ在ㄗㄞˋ正ㄓㄥˋ午ㄨˇ的ㄉㄜ陽ㄧㄤˊ光ㄍㄨㄤ下ㄒㄧㄚˋ走ㄗㄡˇ路ㄌㄨˋ；　而ㄦˊ老ㄌㄠˇ年ㄋㄧㄢˊ的ㄉㄜ時ㄕˊ候ㄏㄡˋ學ㄒㄩㄝˊ習ㄒㄧˊ呢ㄋㄜ，　就ㄐㄧㄡˋ像ㄒㄧㄤˋ點ㄉㄧㄢˇ起ㄑㄧˇ蠟ㄌㄚˋ燭ㄓㄨˊ走ㄗㄡˇ路ㄌㄨˋ，　燭ㄓㄨˊ光ㄍㄨㄤ雖ㄙㄨㄟ然ㄖㄢˊ微ㄨㄟˊ弱ㄖㄨㄛˋ，　總ㄗㄨㄥˇ比ㄅㄧˇ摸ㄇㄛ黑ㄏㄟ要ㄧㄠˋ強ㄑㄧㄤˊ許ㄒㄩˇ多ㄉㄨㄛ吧ㄅㄚ！　」

　　晉ㄐㄧㄣˋ平ㄆㄧㄥˊ公ㄍㄨㄥ聽ㄊㄧㄥ了ㄌㄜ，　頻ㄆㄧㄣˊ頻ㄆㄧㄣˊ點ㄉㄧㄢˇ頭ㄊㄡˊ，說ㄕㄨㄛ：　「　的ㄉㄜˊ確ㄑㄩㄝˋ是ㄕˋ這ㄓㄜˋ樣ㄧㄤˋ！　」

幼ㄧㄡˋ而ㄦˊ學ㄒㄩㄝˊ，　壯ㄓㄨㄤˋ而ㄦˊ行ㄒㄧㄥˊ。
上ㄕㄤˋ致ㄓˋ君ㄐㄩㄣ，　下ㄒㄧㄚˋ澤ㄗㄜˊ民ㄇㄧㄣˊ。
揚ㄧㄤˊ名ㄇㄧㄥˊ聲ㄕㄥ，　顯ㄒㄧㄢˇ父ㄈㄨˋ母ㄇㄨˇ。
光ㄍㄨㄤ於ㄩˊ前ㄑㄧㄢˊ，　裕ㄩˋ於ㄩˊ後ㄏㄡˋ。

譯　文

　　我ㄨㄛˇ們ㄇㄣ要ㄧㄠˋ在ㄗㄞˋ幼ㄧㄡˋ年ㄋㄧㄢˊ的ㄉㄜ時ㄕˊ候ㄏㄡˋ努ㄋㄨˇ力ㄌㄧˋ學ㄒㄩㄝˊ習ㄒㄧˊ，　不ㄅㄨˋ斷ㄉㄨㄢˋ充ㄔㄨㄥ實ㄕˊ自ㄗˋ己ㄐㄧˇ，　長ㄓㄤˇ大ㄉㄚˋ後ㄏㄡˋ就ㄐㄧㄡˋ能ㄋㄥˊ學ㄒㄩㄝˊ以ㄧˇ致ㄓˋ用ㄩㄥˋ，　替ㄊㄧˋ國ㄍㄨㄛˊ家ㄐㄧㄚ效ㄒㄧㄠˋ力ㄌㄧˋ，為ㄨㄟˋ人ㄖㄣˊ民ㄇㄧㄣˊ謀ㄇㄡˊ福ㄈㄨˊ利ㄌㄧˋ。　如ㄖㄨˊ果ㄍㄨㄛˇ你ㄋㄧˇ為ㄨㄟˋ人ㄖㄣˊ民ㄇㄧㄣˊ

做出應有的貢獻，人民就會讚揚你，而且也可以讓父母覺得光榮、欣慰，為祖先們增添了光彩，也給後代留下了好的榜樣。

故事

疏廣為子不留財

　　漢宣帝時，有叔姪二人，一個叫疏廣、一個叫疏受，兩個人都擔負輔導太子的重任。五年後叔姪退休還鄉，皇帝賜給他們二百兩黃金，太子又贈送了五百兩黃金。然而，疏廣和疏受回到家鄉後，將金子全部分給了親朋好友。

　　有人問他們：「你們為什麼不為子孫打算一下，留點錢財、置辦些產業給他們呢？」

　　疏廣搖搖頭，說：「我不是不喜歡兒孫們，之所以這樣做，是希望他們能自食其力①。我們自己家有地，兒孫們辛勤勞作，自然就會豐衣足食。」

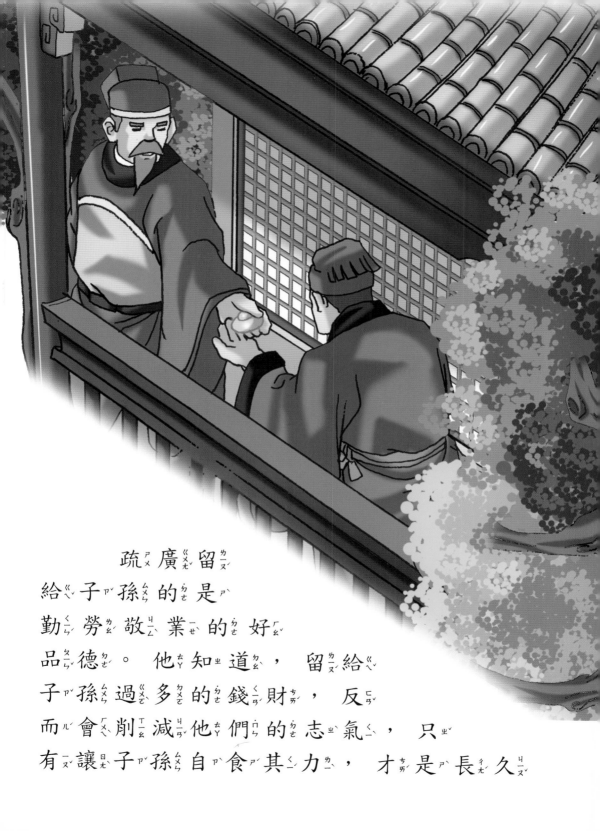

疏(ㄕㄨ)廣(ㄍㄨㄤ)留(ㄌㄧㄡ)
給(ㄍㄟ)子(ㄗ)孫(ㄙㄨㄣ)的(ㄉㄜ)是(ㄕ)
勤(ㄑㄧㄣ)勞(ㄌㄠ)敬(ㄐㄧㄥ)業(ㄧㄝ)的(ㄉㄜ)好(ㄏㄠ)
品(ㄆㄧㄣ)德(ㄉㄜ)。他(ㄊㄚ)知(ㄓ)道(ㄉㄠ)，留(ㄌㄧㄡ)給(ㄍㄟ)
子(ㄗ)孫(ㄙㄨㄣ)過(ㄍㄨㄛ)多(ㄉㄨㄛ)的(ㄉㄜ)錢(ㄑㄧㄢ)財(ㄘㄞ)，反(ㄈㄢ)
而(ㄦ)會(ㄏㄨㄟ)削(ㄒㄧㄠ)減(ㄐㄧㄢ)他(ㄊㄚ)們(ㄇㄣ)的(ㄉㄜ)志(ㄓ)氣(ㄑㄧ)，只(ㄓ)
有(ㄧㄡ)讓(ㄖㄤ)子(ㄗ)孫(ㄙㄨㄣ)自(ㄗ)食(ㄕ)其(ㄑㄧ)力(ㄌㄧ)，才(ㄘㄞ)是(ㄕ)長(ㄔㄤ)久(ㄐㄧㄡ)

的ㄉㄜ生ㄕㄥ存ㄘㄨㄣ之ㄓ道ㄉㄠ。

注 釋

①自食其力：憑藉自己的力量養活自己

人ㄖㄣ遺ㄧ子ㄗˇ，　金ㄐㄧㄣ滿ㄇㄢˇ籝ㄧㄥ。
我ㄨㄛˇ教ㄐㄧㄠ子ㄗˇ，　唯ㄨㄟˊ一ㄧ經ㄐㄧㄥ。

譯 文

　　別ㄅㄧㄝˊ人ㄖㄣˊ留ㄌㄧㄡˊ給ㄍㄟˇ子ㄗˇ孫ㄙㄨㄣ的ㄉㄜ，　可ㄎㄜˇ能ㄋㄥˊ都ㄉㄡ是ㄕˋ滿ㄇㄢˇ箱ㄒㄧㄤ的ㄉㄜ財ㄘㄞˊ寶ㄅㄠˇ。　而ㄦˊ我ㄨㄛˇ教ㄐㄧㄠ給ㄍㄟˇ孩ㄏㄞˊ子ㄗˇ的ㄉㄜ，　只ㄓˇ有ㄧㄡˇ一ㄧ部ㄅㄨˋ《三ㄙㄢ字ㄗˋ經ㄐㄧㄥ》。

故事

陶淵明妙語勸少年

陶淵明是東晉時期的大詩人。一天，一位少年來向他請教學習妙法。陶淵明拉著少年的手來到稻田旁，指著一棵一尺多高的禾苗說：「你看，這棵禾苗是不是正在長高呀？」

少年看了半天，疑惑的說道：「我怎麼看不出來呢？」

陶淵明反問道：「真的沒見它長高？那春天種下去的小禾苗，現在怎樣變成這麼高的呢？」

少年還是不明白，問道：「請先生明示！」

陶淵明說：「禾苗每時每刻都在生長，只是長得慢，我

們覺察不到而已。 學習也是同樣的道理， 知識的增長也是一點一滴慢慢積累起來的。 」

勤有功， 戲無益。
戒之哉， 宜勉力。

譯 文

　　勤奮努力的學習， 就一定會有成果， 如果只是嬉戲遊玩不肯上進， 那是沒有作為的。 好好記住我的勸告， 努力上進吧！

1099 妙趣橫生學作文

15×20.9cm
20本平裝書
219～301頁

本套書將作文所遇到的問題，以一書一問題的方式詳細解析。讓學童遇到各式文體、語詞用法、修辭、看圖寫作，都能迎刃而解，讓學童全方位的學習作文。

全套售價 1980元

7057 漫畫家練習本

隨手塗鴉就是畫漫畫的開始！

20.9×29.6cm 3本書 每本64頁

每本售價 79元

1140 兒童知識博物館

17×23cm 彩色平裝書 207頁

全書附加注音大字體，在閱讀上更加清晰方便；彩色插圖、活潑書籍版式，幫助孩子多次方學習。

全套售價 596元

1097 台灣知識小百科

14.9×21cm 5本彩色書
每本約190～205頁

台灣美麗之島被稱為福爾摩莎，自清代開發以來，雖然只有三百多年的光陰，卻如西方人對它的稱讚一般，處處流傳著美麗雋永的民間故事。

全套售價 495元

3006 e世紀10萬個為什麼？

◆14.8×20.5cm 250頁/本
彩色平裝共5冊

從小培養孩子喜歡閱讀的好習慣

每本售價99元 全套售價 495元

1068 精選名家世界經典故事

14.8×20.9cm 彩色書 共25冊

每本售價99元 全套售價 2475元

1139 孩子最喜歡看的世界童話

17.5×23.7cm
4本彩色泡棉精裝書 每本168頁

讓孩子嘗試著自我組織思考，加深孩子對於事物的深刻了解與體驗，在故事中進行反思與改進，進而在現實生活中警惕自己。

每本售價199元 全套售價 796元

1052 大故事小道理

17.5×23.6cm 彩色精裝書每本336頁(封面金蔥印刷) 共8本

每本售價199元 全套售價 1592元

H18029 創造閱讀EQ教育繪本

彩色精裝書
12本 25 x 26cm

依照孩子學習的天性，由教育專家們根據孩子的心路成長過程，特此編繪了此套具備優質教育的繪本系列，藉以培育孩子們情感EQ，及大腦IQ的最佳教育繪本。
本系列以加註注音、親子互動小知識（小叮嚀）、學習單，以及家長的話，結合文字與圖像的教學模式，藉以促進親子之間的互動關係。

每本售價128元 全套售價1536元

1015 世界少年文學名著

14.8×21cm 平裝書約160頁/本 共25冊

1015-1 金銀島
1015-2 湯姆叔叔的小屋
1015-3 著-:獅子與我
1015-4 湯姆歷險記
1015-5 蒼蠅王
1015-6 簡愛
1015-7 艾瑪姑娘
1015-8 鐘樓怪人
1015-9 天方夜譚
1015-10 動物農莊
1015-11 基督山恩仇記
1015-12 雙城記
1015-13 祕密花園
1015-14 愛的教育
1015-15 傲慢與偏見
1015-16 羅密歐與茱莉葉
1015-17 戰爭與和平
1015-18 安娜·卡列妮娜
1015-19 木馬屠城記
1015-20 白鯨記
1015-21 罪與罰
1015-22 齊瓦哥醫生
1015-23 乞丐王子
1015-24 小婦人
1015-25 三劍客

故事中人物的際遇、背景，以及描寫出的人物的膽識、寬容、善意、仇恨、野心等心理，值得讀者深思，是一套適合中小學生閱讀的優良課外讀物。

每本售價75元 全套售價1875元

1051 中國經典故事

兒童文學作家- 夏婉雲、管家琪、凌明玉 聯合推薦

14.9×21cm 彩色平裝書
每本157頁 共25冊

1051-1 白蛇傳
1051-2 儒林外史
1051-3 東周列國志
1051-4 資治通鑑
1051-5 史記故事
1051-6 封神演義
1051-7 隋唐演義
1051-8 七俠五義
1051-9 三十六計
1051-10 楊家將
1051-11 包公案
1051-12 西廂記
1051-13 紅樓夢
1051-14 西遊記
1051-15 水滸傳
1051-16 三國演義
1051-17 岳飛傳
1051-18 聊齋誌異
1051-19 八仙過海
1051-20 竇娥冤
1051-21 牛郎與織女
1051-22 梁山伯與祝英台
1051-23 杜十娘
1051-24 鏡花緣
1051-25 濟公傳

每本售價99元 全套售價2475元

1030 世界名人故事

故事中人物的際遇、背景，以及描寫出的人物的膽識、寬容、善意、仇恨、野心等心理⋯⋯

14.8×21cm 平裝書 每本約210頁 共10冊

每本售價75元 全套售價750元

1050 哈里警長智破奇案

撲朔迷離的案件，匪夷所思的犯罪手法，而不在場的證據能否說明一切？

12.6×18.4cm 6本彩色書
每本123頁（隨書附贈『神奇解密眼鏡』

全套售價450元

2008 幼福名人偉人傳

故事內容充滿激勵小朋友們不畏艱難和刻苦研究的精神，可作為孩子求真向上的典範。

19×26cm
彩色平裝16頁/本 共12冊
中英雙語導讀CD12片

全套售價690元

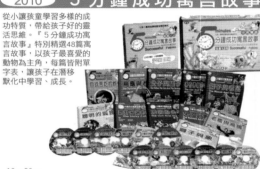

1434
自然科學一本通

1405
圖解世界地理一本通

1432
兒童百科一本通

1410
我會摺紙一本通

1426
天文奧祕一本通

1427
兒童作文一本通

1413
初學卡通簡筆畫一本通

1400
昆蟲奧祕一本通

405
本通

1402
動物奧祕一本通

1413
一本通
初學卡通
簡筆畫

恐龍奧祕
DINOSAUR
一本通

1436
恐龍奧祕一本通

143
台灣歷史一本

兒童 唐詩
一本通

1428
兒童唐詩一本通

昆蟲奧祕一本通

昆蟲奧祕
SECRETS OF INSECT

1426
天文奧祕一本通

1427
兒童作文一本通

兒童作文
一本通

1414
彩色卡通簡筆畫一本通

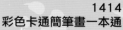

彩色卡通
簡筆畫

動物奧祕
SECRETS OF ANIMALS

1402
動物奧祕一本通